図解

いちばんやさしい古事記の本

沢辺有司

彩図社

はじめに

日本の神々の物語をまとめた本、これが**『古事記』**です。日本には、ギリシャ神話や北欧神話にも匹敵する、神々の豊かな物語があります。

太陽神アマテラスが洞窟のなかに隠れて世界が暗黒におおわれたという「天石屋戸《あまのいわやと》隠れ」、毎年娘を襲いにくる大蛇と闘う英雄スサノオの「ヤマタノオロチ退治」、八十神《やそがみ》に騙されたウサギをオオクニヌシが救う「因幡《いなば》の白兎《しろうさぎ》」、天上の神が高千穂《たかちほ》に降り立つ「天孫降臨」、地方の抵抗勢力を若きヤマトタケルが次々に平定する「ヤマトタケルの戦い」など、**『古事記』には多くの有名な神話が収められています**。

『古事記』を読んだことのない人でも、「ああ、あの物語か」「その神の名前なら聞いたことがある」など、断片的な知識はあるのではないでしょうか。

『古事記』は、全体としてひとつづきのストーリーとなっていますが、何人かの主役がいて、それぞれのパートを完結した物語として楽しむこともできます。

単に物語を読むだけでなく、『古事記』にはどのようなメッセージが隠されているのか、さまざまな謎を掘り下げる面白さもあります。

『古事記』は大和政権側の視点でまとめられています。全体としては、大和政権側の「天《あま》つ神《かみ》」が、地方の「国《くに》つ神《かみ》」を平定するという構造になっています。この構造を知っているだけでも、神話への理解が深まります。

また、今も各地にまつられている神々の物語を知ることで、その地方のルーツを改めて見直すこともできます。

本書では、さまざまな側面から『古事記』に迫っています。

第1章では、『古事記』の成立背景から物語の構成、特色などを概観し、第2章では、『古事記』の名場面に迫ります。第3章では、主要な神々1人ひとりを詳細にガイドし、第4章では、日本各地にちらばる『古事記』ゆかりの地をめぐります。

本書を通して、ミステリアスで奥深い魅力をはなつ『古事記』の世界を堪能していただけたら幸いです。

図解　いちばんやさしい古事記の本　目次

はじめに 2

第1章
古事記とは何か？ 15

【天武天皇の発案で作られていた】『古事記』の成立 16
【『日本書紀』が最初の正史だった】『日本書紀』との違い 24
【天つ神が国つ神を平定する】『古事記』の神々 30
【神、人間、死者の世界がある】『古事記』の世界観 38
【『古事記』上巻のあらすじ】世界と神々の誕生 44

【『古事記』中・下巻のあらすじ】大和の天皇家、骨肉の争い……52
【古事記の神々は全国の神社にむかえられた】『古事記』と天皇・神道……58
【富士山と邪馬台国が登場しない⁉】『古事記』と古代日本……66
【本居宣長によってメジャーな古典に】『古事記』受容の歴史……74

第2章 古事記の名場面を読み解く……83

【生命とともにこの世は誕生した】天地創成……84
【人類最初の夫婦の契りは失敗していた】国生みと神生み……90
【古事記版「鶴の恩返し」で、イザナキはピンチ】黄泉国訪問……98
【高天原でスサノオとアマテラスが対立】スサノオの誓約……106

【アマテラスが最高神になるための通過儀礼】天石屋戸隠れ……114
【刀剣の奉納で大和政権への服従の歴史を伝える】ヤマタノオロチ退治……120
【高度な医療知識でウサギ神を助ける】因幡の白兎……128
【通過儀礼を経て、地上の王オオクニヌシへ】スサノオの試練……134
【国作りが進むと、高天原から使者が送られる】オオクニヌシの国作り……142
【強力な地方政権も、ついには中央政権の配下に】オオクニヌシの国譲り……148
【天石屋戸隠れから連なる『古事記』のハイライト】天孫降臨……154
【永遠の存在である神々が寿命を持つようになる】ホノニニギの結婚……160
【隼人が朝廷に服属した起源を語る】ウミサチとヤマサチ……168
【最大の敵はトミビコではなくニギハヤヒ】イワレビコの東征……176
【大和国家建設のために活躍した将軍たちの物語か⁉】ヤマトタケルの遠征……182

第3章

古事記の神々を読み解く …… 191

【高天原の最初の神でありながら、存在感は薄い⁉】天之御中主神 …… 192
【天つ神の司令塔として存在感を発揮】高御産巣日神 …… 193
【亡き妻を追って死者の国・黄泉国へ】伊邪那岐神 …… 194
【大地母神でありながら、死の国の神になる】伊邪那美神 …… 196
【川に流されたヒルコは、恵比寿神となった】水蛭子神 …… 198
【イザナキ・イザナミ夫婦の災いとなった火の神】火之迦具土神 …… 199
【国譲りに決着をつけた天つ神の剣神】建御雷之男神 …… 200
【スサノオをもてなし、五穀をもたらした食物の神】大宜都比売神 …… 202
【神功皇后の新羅遠征の神託を下した海の神】住吉三神 …… 203

【日本の八百万の神の頂点に立つ最高神】天照大御神……204
【夜の国を治める月の神、スサノオと同一神か⁉】月読命……206
【荒ぶる神から英雄に大変貌を遂げる】須佐之男命……208
【山の神であり海の神、ホノニニギの義父として存在感】大山津見神……210
【玄界灘の航海の安全を見守った三女神】宗像三女神……211
【スサノオに救われた稲の神】櫛名田比売……212
【日本でもっとも信仰を受ける「お稲荷様」に！】宇迦之御魂神……213
【国作りの神、七福神の大黒天となる】大国主神……214
【小さくても知性豊か、一寸法師のルーツ】少名毘古那神……216
【スクナビコナを言い当てた、博学な案山子の神】久延毘古……218
【案山子のクエビコを紹介したヒキガエル】多邇具久……219
【国譲りの最初の使者の役目を果たせず】天之菩比神……220

【使者を殺した高天原の反逆者は、七夕の彦星だった】天若日子……221
【神託を授ける神で、鯛を抱えた「えびす様」】八重事代主神……222
【タケミカズチに力競べを挑んだ諏訪湖の水神】建御名方神……224
【妖艶な舞いを見せた女神、巫女の祖となる】天宇受売命……226
【天石屋戸からアマテラスを引き出した男神】天手力男神……227
【天石屋戸隠れの難局を切り抜けた知恵の神】思金命……228
【天石屋戸の前で祝詞をささげ、中臣氏の祖神に】天児屋命……229
【天狗の姿の国つ神、天孫の道案内人となる】猿田毘古神……230
【降臨神とならなかった、アマテラスの長男】正勝吾勝勝速日天忍穂耳命……232
【高千穂に降り立った降臨神】天邇岐志国邇岐志天津日高日子番能邇邇芸命……234
【天孫の妻となった美しい女神】木花之佐久夜毘売……236
【ホノニニギに拒否された醜い女神は、長寿の神】石長比売……237

【ウミサチ・ヤマサチ神話の主役、海神の娘を娶る】火遠理命……238
【大和に服属した隼人を象徴する神】火照命……239
【ホオリと結婚した海神の娘、正体はワニだった】豊玉毘売……240
【姉の御子を育て、神武天皇の母に】玉依毘売……241
【初代・神武天皇で建国の神】神倭伊波礼毘古命……242
【父に疎まれ、遠征に明け暮れた悲劇の英雄】倭建命……244
【アマテラスを伊勢にまつった女神】倭比売命……246
【海中に沈んで夫を救った悲劇のヒロイン】弟橘比売命……247
【宇佐から起きた神、全国でもっともまつられる】八幡神……248

第4章 古事記ゆかりの地をめぐる

古事記ゆかりの地をめぐる……251

【オオクニヌシの神殿、96メートルの巨大建築だった⁉】出雲大社……252
【高天原の神々が議論した天安河原が出現】高千穂……254
【神と仏の聖地として熊野信仰が発展】熊野三山……256
【諏訪地方の土着神・タケミナカタをまつる】諏訪大社……258
【アマテラスのご神体・八咫鏡がまつられる】伊勢神宮……260
【三種の神器・草那芸剣をまつる「第二の宗廟」】熱田神宮……262
【神功皇后に神託を授けた住吉三神をまつる】住吉大社……264
【三輪山をご神体に、古代信仰をそのまま伝える】大神神社……266
おわりに……268

本文イラスト　梅脇かおり

第1章

古事記とは何か？

【天武天皇の発案で作られていた】
『古事記』の成立

No.1

天武天皇にはじまり元明天皇で成立

8世紀初頭、我が国で最初にまとめられた歴史書が『古事記』です。『古事記』は、古代の神々と天皇が織りなす壮大な歴史物語であり、日本という国の成り立ちを描いています。時代的には、天地創成から7世紀初頭の推古《すいこ》天皇（聖徳太子の叔母）までをカバーしています。『古事記』は、誰がどのような目的で作ったのでしょうか？　そのことは「序文」で次のように説明されています。

「7世紀後半、**第40代・天武《てんむ》天皇**は、各氏族の家に残る伝承が都合よく改竄《かいざん》され、真実と違

『古事記』とは何なのか？

各氏族に都合のいいウソの歴史が広まっていた

↓

『帝紀』
天皇の系譜と
歴史を記した書物

『旧辞』
神々の神話を
記した書物

正しい『帝紀』『旧辞』を元に
正しい歴史書を作ろう

天武天皇が稗田阿礼に命じて作った最古の歴史書

うものが増えていることを聞いて心配した。**このままでは日本の国の成り立ちや天皇の歴史、神話の真実が後世に正しく伝わらないのではないか……。**そこで、ひと目見れば暗誦し、いちど聞けば記憶するという28歳の舎人《とねり》・稗田阿礼《ひえだのあれ》に命じて、天皇が正しいと認定した『帝紀《ていき》』（天皇の系譜と歴史）と『旧辞《きゅうじ》』（神々の神話物語）を読み覚えさせた」

補足すると、天武天皇が『古事記』編纂の事業を発案したのは、681（天武10）年前後のことだと推定されています。天武天皇の崩御によっていったん編纂事業は中断を余儀なくされましたが、元明《げんめい》天皇が事業を再開します。

「都が奈良の平城京に遷《うつ》った翌年の７１１（和銅４）年、第43代・元明天皇が太安万侶《おおのやすまろ》に命じて、阿礼の読み覚えたものをそのまま書き取らせた。これが『古事記』であり、７１２（和銅５）年に天皇に献上された」

稗田阿礼が暗誦した内容を語り、太安万侶が書き記すことによって、『古事記』は完成した、ということです。

阿礼は女性だった⁉

編纂にかかわった２人の人物について紹介しておきましょう。

最初に指名された稗田阿礼ですが、**「舎人《とねり》」**という身分だったと記されています。舎人は、上級官僚ではありません。天皇のそばにあって身の回りの雑用などをする下級官僚にすぎません。そのような身分から抜擢されたのだから、**阿礼は暗誦することにかけてはかなり突出した能力があった**と推察されます。

ただ、稗田阿礼は、後世の歴史書に言及がないので、『古事記』の「序文」の記述以上のことはわかっていません。一説には、猿女《さるめ》氏の系譜にあるといわれます。

猿女氏とは、天照大御神《あまてらすおおみかみ》が天石屋戸《あめのいわやと》に隠れたとき（P114）、石屋の前で踊りを披露した天宇受売命《あめのうずめのみこと》の子孫とされる氏族です。天宇受売命は巫女の祖とされ、猿女氏は鎮魂祭などで猿女と呼ばれる女性を遣わしていたといわれます。このことから、阿礼は女性だったとする見方もあります。ただ、舎人は一般に男性がつくものだったので、疑問は残ります。

一方、太安万侶はたいへん**有能な学者**でした。最高官位は従四位下《じゅしいのげ》なので、中級官僚といったところです。天武天皇が制定した「八色の姓《やくさのかばね》」（政治的な地位・序列を8種の姓で表す称号）によると、第2位にあたる「朝臣《あそみ》」を称していました。

ややミステリアスな存在である稗田阿礼とは対照的に、太安万侶は実在した人物であったことが証明されています。

1979年1月、奈良市此瀬《このせ》町の茶畑のなかから太安万侶の遺骨と墓誌が発見されています。この墓の発見は『古事記』の信憑性を高めることにもつながりました。

日本語化した漢文で記述

『古事記』はどのような言葉で書かれているのでしょうか？

『古事記』が成立した8世紀初頭は、漢字と片仮名・平仮名を併用する「日本語」の記述方式がまだできていませんでした。これができるのは平安時代以降のことです。

この時代の公式な文書は、漢文で記されていましたが、**『古事記』は中国式の漢文とは違い、日本語化した漢文**となっています。

どういうことかというと、意味を表す漢字（表意文字）と、音を表すだけの漢字（表音文字）を併用していて、日本語の響きをそのまま生かす独特の表記方法となっているのです。同じ漢字でも表意文字として使ったり、表音文字として使ったり、漢字の並びだけを見てもわからないところがありますので、どれが表音文字かを示す注が記されています。この編集作業を行ったのが太安万侶だった、ということです。

目的は天皇家の権威づけ

『古事記』は、全体のボリュームとしてはそれほど多くありません。400字詰め原稿用紙で150枚ほどです。上・中・下の3巻にわかれていて、1つの巻は50枚ほどの分量です。

上巻では神話について語り（P44）、中・下巻で歴代天皇の物語を語っています（P52）。

民間に伝わる神話というのは、1つひとつが完結した物語となっています。それら神話を集めた『古事記』は、1つひとつを完結した物語として読むこともできますが、全体をひとつづきのストーリーとして読むこともできます。

主役を演じるのは神々とそれにつらなる天皇たちで、世界の成り立ちから日本の成り立ちへ向かう壮大なひとつづきの物語となっているのです。

この物語には、どんなメッセージが込められているかというと、**「天皇がいま日本を統治しているのは、天皇の祖先にあたる神が日本を統治していたからである」**ということになります。人々に天皇の統治を納得させようとしているのです。

つまり『古事記』は、天皇家の権威づけを意図とした物語となっているのです。

新しい国家には歴史書が必要

このように天皇家の権威づけが必要とされた背景には、不安定な国内外の状況がありました。

天武天皇が即位したのは、673年のことです。彼は、1ヵ月に及ぶ内戦（壬申《じんしん》の乱）で甥の大友皇子を追い落として即位しました。即位したとはいえ、激しい皇位継承争いによって皇室の権威は失墜していて、早急な立て直しが求められていました。

一方、国外に目を向けると、大帝国・唐の脅威がせまっていました。日本は、663年に唐・新羅の連合軍と戦って負けています。朝鮮半島の百済を救援するための戦い（白村江《はくそんこう》の戦い）でしたが、この敗戦によって、唐の属国にされるのではないかと怯えていたのです。

こうした国内外の危機を脱するため、天武天皇は思いきった改革で強固な中央集権体制を整備し、新しい国家を築こうとしました。

天武天皇は、中国から導入した律令体制を推進するほか、新しい身分秩序として「八色の姓」を制定しました。新しい国家の成立には歴史書が必要です。**国家のアイデンティティを明確にするため**です。そこで『古事記』という歴史書が編纂された、ということになります。

こうして作られた新しい国家が「日本」であり、その君主が「天皇」ということになります。

それまでこの国の国号は「倭」といいましたが、これは中国人が辺境の民族を蔑視してつけた名前でした。

そこで、中国語で太陽が昇る神聖な場所という意味がある「日本」としました。また、大和朝廷時代の君主は「大王《おおきみ》」と呼ばれていましたが、中国語で東方世界の最高支配者を指す

『古事記』が作られた目的とは？

「かつてこの国を統治していたのは、世界を創った偉大な神々である」

⬇

今この国を統治するのはその神々の子孫である天皇家だと主張

『古事記』は天皇家の権威づけのために記された書物といえる

「天皇」を用いるようになりました。

つまり、中国から見たときに高貴なイメージとなることから、「天皇が統治する日本」という国家像を作ったのです。

こうして天武天皇の時代にあらわれた「日本」「天皇」という呼び名が、今日までつづいているということになります。

【『日本書紀』が最初の正史だった】

『日本書紀』との違い

No.2

同時期に成立していた

『古事記』とほぼ同時期にまとめられた歴史書に**『日本書紀』**があります。『古事記』と『日本書紀』では何が違うのでしょうか？

『日本書紀』の成立の起源をたどると、やはり天武天皇の時代にさかのぼります。『日本書紀』には「序文」がありませんが、本文の記事に次のようにあります。

「681（天武10）年、天武天皇が大極殿《だいごくでん》において、川島皇子《かわしまのみこ》ら6人の皇親《こうしん》と中臣連大島《なかとみのむらじおおしま》ら6人の官人に命じて、国史の編纂にあたらせた」

天武天皇の命ではじまった国史編纂事業は、40年ほどの歳月を要しました。そして実際に完成したのは、720（養老4）年のことです。この年、天武天皇の第3皇子・舎人親王《とねりしんのう》が第44代・元正《げんしょう》天皇（元明天皇の次の天皇）に『日本書紀』を献上しました。『古事記』の成立からわずか8年後のことです。

ちなみに、この4年後に聖武《しょうむ》天皇が即位します。奈良時代の天平《てんぴょう》文化が花開こうかというときでした。

一般に、『古事記』と『日本書紀』はひとまとめにして**「記紀」**という呼び方をします。両者は共通点もありますが、相違点も多く、たがいに補完しあう関係にあります。古代史を研究するときには、この「記紀」が重要な史料となっています。

私的な『古事記』公的な『日本書紀』

「記紀」の2書を大きく色分けすると、『古事記』は私的で、『日本書紀』は公的な性格が強いといえます。

成立の経緯を振り返ってみましょう。

『古事記』の編纂は、「舎人」という天皇家の私的な職務を行う人物に命じられてはじまりました。かかわった人間は、稗田阿礼と太安万侶のたった2人だけです。そして、『古事記』のことは正史である『続日本紀《しょくにほんぎ》』でふれられていません。公的な歴史書の外におかれました。人々に読まれた形跡もありません。

一方の『日本書紀』は、**多くの官人や知識人がかかわった国家的な大プロジェクト**であり、そのことは『続日本紀』にしっかりと記録されています。

完成してからは、役人の必読書となり、平安時代には**宮中でしばしば『日本書紀』の講義が開かれました**。平安時代の『源氏物語』などで神話が引かれるときに用いられたのは『日本書紀』であって、『古事記』に由来すると思われる記述はありません。

ちなみに、**日本の正史**には6書あります。『日本書紀』『続日本紀』『日本後紀《にほんこうき》』『続日本後《しょくにほんこう》紀《き》』『日本文徳天皇実録《にほんもんとくてんのうじつろく》』『日本三大実録《にほんさんだいじつろく》』の6書で、「六国史《りっこくし》」と呼ばれます。六国史の一番目にあたるのが『日本書紀』です。六国史のなかに『古事記』は含まれていません。

次に、記述の仕方を比べてみましょう。

『古事記』は、日本語化した漢文を用いていて、人物（天皇）を中心に描く紀伝体という叙述形式がとられています。

『古事記』と『日本書紀』の違い

『古事記』

日本語的な漢文で
神話を中心に書く
⇒国内向け

『日本書紀』

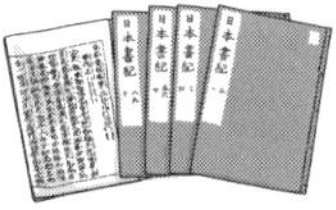

中国式の漢文で
天皇の世を中心に書く
⇒国外向け

『日本書紀』の方が公的な歴史書といえる

一方の『日本書紀』は、**中国式の漢文**で書かれていて、古い時代から年紀ごとに叙述する**編年体**となっています。六国史はすべて編年体でまとめられています。

当時の公的な文章は、いわゆる国際語である漢文を用いていましたが、『日本書紀』もそのルールにならいながら、国外で読まれることを想定していました。

このような違いから、『古事記』は天皇家の私的な性格が強く、国内向けに天皇統治の正統性を説明した書物と見られるのに対し、『日本書紀』は公的な性格が強く、国外向けに日本と天皇の歴史を説明するために作られた書物であるといえるのです。

『日本書紀』には神話が少ない

2つの書物の性格の違いは、その中身にもあらわれています。

『古事記』は、上・中・下の3巻からなり、上巻を神話にあてていました。**3分の1を神話が占めています**。

これに対し『日本書紀』は、**全30巻**からなり、全体にボリュームがありますが、**神話が収められているのは1巻と2巻のみ**です。神話が占める割合は、**8分の1**にすぎません。『日本書紀』は、神話の扱いが軽いのです。

『日本書紀』の1つの特徴として、編纂者が正統と認めた話を「正文《せいぶん》」としていて、それ以外に「一書《あるふみ》」としていくつもの異伝をのせていることがあります。この「一書」が多いのが神話の部分です。例えば、書き出しの「天地創世神話」には、6つの「一書」があります。

神話につづいて歴代天皇の物語が描かれます。『古事記』では7世紀初頭の推古天皇まで記していますが、詳細に語っているのは、5世紀末頃の第23代・顕宗《けんそう》天皇あたりまでです。そのあとは、系譜や在位年数を記すぐらいで、極端に簡略化されています。

これに対し、『日本書紀』は8世紀初頭の第41代・持統《じとう》天皇の退位までしっかりと記しています。

以上のような対比から、神話に重点がおかれた『古事記』は「神話の書」であり、神話よりも歴代天皇の記述が充実した『日本書紀』は「歴史書」である、という見方がされています。

【天つ神が国つ神を平定する】

『古事記』の神々

No.3

神は「柱」で数える

『古事記』にはじつに多くの神が登場します。神だけでも３０７柱も登場します。はじめに「柱」について説明しておきましょう。

神を数えるときには、「１人、２人、３人」ではなく、**「一柱《ひとはしら》、二柱《ふたはしら》、三柱《みはしら》」**と数えます。

なぜ「柱」を使うのでしょうか？

古来、神は自然物に宿ると考えられていましたが、そのなかでもとくに、**大木は神が宿るもの**として重要視されていました。いまでも神社には御神木《ごしんぼく》と呼ばれるものが見られます。

柱の形状にも由来があるようです。柱は地面から天に向かって垂直に立っていることから、**神が降りてくるための通り道**としての役割を果たしていると考えられていました。

このような神と柱に密接な関係があることから、「柱」で数えると考えられています。

『古事記』に登場する307柱のうち、ほとんどの神は、名前が出るだけにすぎません。じっさいに物語で活躍するのは、わずかに30柱ほどです。

たとえば、一番はじめに出現する天之御中主神《あめのみなかぬしのかみ》（以下アメノミナカヌシ）などは、そのあとに何の言及もありません。ですから、『古事記』の物語を楽しむうえでは、役を与えられた30柱ほどの神だけを覚えておけば十分でしょう。

人間の姿の神になる

『古事記』における神々の出現の仕方には、大きく2通りあります。

冒頭、高天原《たかあまのはら》に出現した神々は、だれかが生んだのではなく、自然と姿をあらわしました。漢字では**「成る」**と記されています。

一方、地上に降り立った伊邪那岐神《いざなきのかみ》（以下イザナキ）と伊邪那美神《いざなみのかみ》（以下イザナミ）の夫婦神につらなる神々の出現のときは、**「生む」**という漢字で記されています。

つまり、高天原に出現した神々と、地上に出現した神々では違うことが印象づけられています。

その姿も違います。アメノミナカヌシ以降のはじめの7神（「別天《ことあま》つ神」の5神、「神代七《かみよなな》代《よ》」のうちの国之常立神《くにのとこたちのかみ》と豊雲野神《とよくものかみ》）については、「**独神**《ひとりがみ》と成りまして、身を隠したまひき」という説明が繰り返し使われます。

つまり、これらの神々は、目に見える何らかの姿をしているのではなく、**エネルギーのような存在**であると考えられます。

これに対し、8番目にあらわれる宇比地邇神《うひじにのかみ》と須比智邇神《すひちにのかみ》からは、男神・女神のペアとなり、**人間の姿をした神**になったと考えられます。男女ペアの最後にあらわれるのが、イザナキとイザナミのペアです。

それから、イザナキとイザナミの神生みがはじまりますが、そこで生まれる神は、**自然物を司る神が多い**です。最初の神生みのときには、海の神、河口の神、風の神、木の神、山の神、野の神、火の神を生んでいます。

イザナミが火の神を生んで大火傷を負ったときには、その大便から土の神が生まれ、その

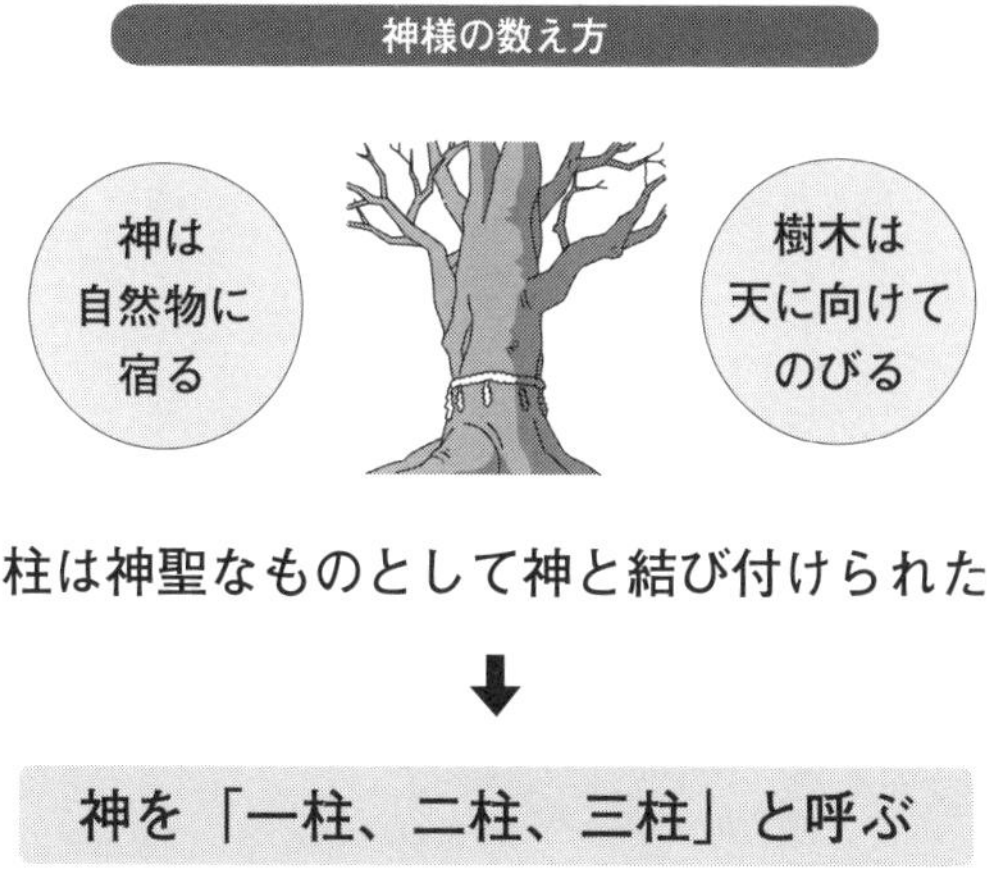
神様の数え方
神は自然物に宿る
樹木は天に向けてのびる
柱は神聖なものとして神と結び付けられた
神を「一柱、二柱、三柱」と呼ぶ

尿から水の神が生まれました。また、イザナキが火の神を斬ったときに剣先についた血から、剣の神（石折神《いわさくのかみ》など）が生まれました。

　前述のように、古代日本では、山や川などの自然物に神が宿ると考えられていました。山の神、水の神、川の神などで、この神をまつることで、さまざまなご利益を授けてくれる、と信じられていました。

　そうして神がまつられた神社のなかには、現在までつづいているところも多いです。『古事記』には、こうした古来の神々への信仰があらわれているのです。

　やがてイザナキは、禊《みそぎ》の際に、天照《あまてらす》大御神《おおみかみ》（以下アマテラス）、月読命《つくよみのみこと》（以下ツクヨミ）、須佐之男命《すさのおのみこと》（以下スサノオ）の「三貴子《みはしらのうずのみこ》」という重要な神を生みました。ここから神々の系譜がさらにつらなっていくことになります。

天つ神と国つ神

『古事記』の神々は、「天《あま》つ神」と「国《くに》つ神」にわけることができます。**「天つ神」は天上界にあたる高天原にいる神々**で、**「国つ神」は人間の住む葦原中国《あしはらのなかつくに》にいる神々**です。

じつは『古事記』で語られるストーリーというのは、主役の「天つ神」と脇役「国つ神」の対立がベースとなっています。

つまり、「天つ神の命令で、国つ神が地上の国作りにあたりますが、ようやく国作りが完成したところで、国つ神から天つ神への国譲りが起きた」というストーリーです。

これは史実としては、**中央政権（天つ神）が地方（国つ神）を平定していったことをあらわしている**、といわれています。

そして、高天原から地上に降り立った天つ神が天皇の血筋につらなっていることを書き記すことによって、天皇がこの国を統治することの正当性を示している、と考えられます。

主役の天つ神に対して、あくまで脇役の国つ神の役回りは、あまりよくありません。

たとえば国つ神は、武器を使って暴力や殺害をします。国つ神・大国主神《おおくにぬしのかみ》（以下オオクニヌシ）は、刀と弓矢で異母兄弟の八十神《やそがみ》を追いやりました。

これに対し、**天つ神は暴力をふるいません**。天皇の系譜にある天つ神は、自分の手を血で汚すことはないのです。自分の身は汚すことなく、国つ神に国作りをさせておいて、終わったところで国を譲り受けるのです。

また、脇役の国つ神は、必ず物語から退場させられます。

オオクニヌシは国譲りをして出雲の宮殿（出雲大社）にこもり、最後に抵抗したオオクニヌシの子・建御名方神《たけみなかたのかみ》（以下タケミナカタ）は州羽海《すわのうみ》（諏訪湖）まで逃げ去りました。

また、天孫の先導役をつとめた国つ神・猿田毘古神《さるたびこのかみ》（以下サルタビコ）にいたっては、漁をしているときに比良夫貝《ひらぶがい》に手をかまれ、あっけなく溺れ死んでしまいます。

天つ神はサルタビコを警戒して、天つ神である天宇受売命《あめのうずめのみこと》を〝監視役〟につけていました。

このサルタビコの死は、天つ神側の刺客によって暗殺されたことをあらわしている、ともいわれています。

国つ神のほうが人気!?

では、天つ神と国つ神で、実際に人気のあった神はどちらかというと、国つ神です。国つ神は、**もともとの民間神話に伝わる神々が取り入れられている**からです。

これに対し、天つ神というのは、天皇家側が机上で作り出した性格が強いので、ほとんどが知られてもいない神ばかりでした。

たとえば、もともとの民間神話では、オオナムチ（オオクニヌシの別名）とスクナヒコナ（少名毘古那命《すくなびこなのみこと》、以下スクナビコナ）が国土創成の神とされていました。

オオナムチ・スクナヒコナは、万葉集でも詠まれているし、風土記《ふどき》などにも出てくる人気の神です。『古事記』では、民間で知名度のあったオオクニヌシとスクナビコナを国土創成の神として取り入れましたが、扱いは軽くなりました。

二神は、本来はペアで活動するものなのに、『古事記』ではいっしょに活動する期間はわずかです。スクナビコナは海からやってきたと思ったらすぐに帰ってしまいました。ほとんどオオクニヌシひとりの物語になっています。しかも、そのオオクニヌシもあっさりと物語から退場させられます。

天つ神と国つ神

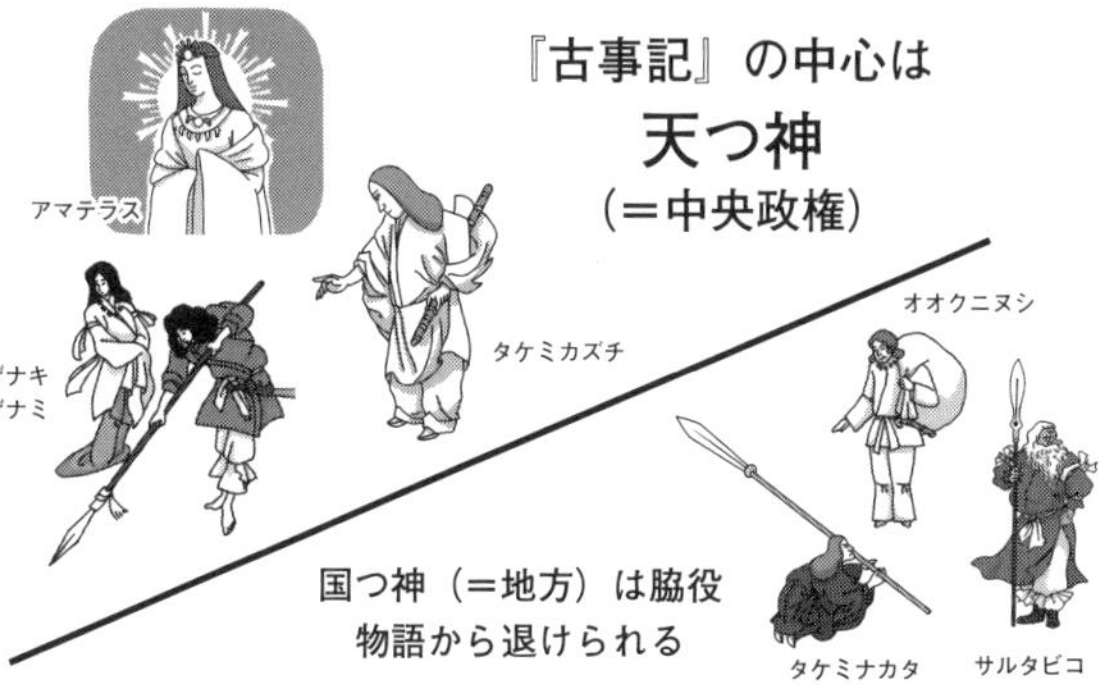

しかし、より民間に根付いていたのは国つ神の神話

民間神話の二神にかわって、『古事記』で国土創成の主人公になっているのは、天つ神のイザナキ・イザナミの二神です。イザナキ・イザナミは、島々を創り、たくさんの神々を生みました。

イザナキ・イザナミは民間ではほとんど無名の神でした。この神をまつる神社は淡路島にありますが、全国的には知られていませんでした。

しかし、無名であるからこそ、イザナキ・イザナミは天皇家が作る新しい神話に抜擢されたと考えられるのです。

【神、人間、死者の世界がある】

『古事記』の世界観

No.4

天上から地上へ垂直に生まれる

『古事記』には、「高天原《たかあまのはら》」や「黄泉国《よみのくに》」など、一般にはなじみのない名前の空間が出てきます。その独特の世界観はどうなっているのでしょうか？　整理してみましょう。

神話の冒頭は、天から地の方向に垂直的に空間がつくられていきます。

はじめに**神々の住む「高天原」**があらわれます。イザナキとイザナミは、高天原と地上とをつなぐ「天《あめ》の浮橋《うきはし》」という梯子に立ち、天《あめ》の沼矛《ぬぼこ》を下ろして、足元のどろどろした海水を「こをろこをろ」とかきまわします。矛を引き上げると、その先から塩がしたたり落ち、

淤能碁呂島《おのごろじま》ができます。これが日本最古の島ということになります。

イザナキとイザナミは、淤能碁呂島に降りて、日本列島を生み出します。（1）淡路島（淡《あわ》道之穂之狭別嶋《じのほのさわけのしま》）、（2）四国（伊予之二名嶋《いよのふたなのしま》）、（3）隠岐島（隠伎三子嶋《おきのみつごのしま》）、（4）九州（筑紫嶋《つくしのしま》）、（5）壱岐島（伊岐嶋《いきのしま》）、（6）対馬（津嶋《つしま》）、（7）佐渡島（佐度嶋《さどのしま》）、（8）本州（大倭豊秋《おおやまととよあき》津嶋《づしま》）の合わせて8つの島を生み出します。これらを総称して**大八嶋国《おおやしまくに》**といいます。その後、大八嶋国のまわりの6つの小さな島を生み出します。こうして日本列島が形作られました。

高天原に対して、**人間が住む地上の世界は「葦原中国《あしはらのなかつくに》」**と呼ばれます。神々は、人間界を統治するために高天原から葦原中国に降り立つのです。

『古事記』にはよく「葦」が出てきますが、葦原中国の語源を探ると、植物の「葦」が関係しているようです。古代人が住む地上には、いたるところに「葦」が繁茂していたのでしょう。そうした地上の環境から、人間が住む世界を「葦原中国」と呼んだと考えられます。

黄泉国は「山」だった!?

天上の「高天原」（神々の世界）と地上の「葦原中国」（人間の世界）という垂直構造のほ

かに、**死者の住む世界**も出てきます。

最初に出てくるのが**「黄泉国」**。黄泉国は、死んだイザナミがいるところです。イザナキは、イザナミを求めて黄泉国を訪問し、葦原中国に戻ってほしいと懇願します（P98）。

「黄泉国」のルーツはどこにあるのでしょうか？

『古事記』では、黄泉国とこの世をつなぐ坂として、「黄泉比良坂《よもつひらさか》」が出てきますが、この坂は、いまの出雲の伊賦夜坂《いふやさか》にあたるといわれています。また、奈良時代に書かれた『出雲国風土記《いずものくにふどき》』には、「黄泉之坂《よみのさか》」「黄泉之穴《よみのあな》」が出てきますが、出雲にはこれらにあたる地名があります。

つまり、出雲の国には黄泉国にまつわる伝承があって、それが『古事記』に取り入れられたり、風土記に記されたと考えられるのです。

中国では、死者の住む世界は「地下」にあると考えていました（中国では、「黄泉《こうせん》」は死者の赴く泉で、地下にあるとされています）。これに対し、**『古事記』の黄泉国は、人間界のそばにある「山」のイメージ**で、どちらかというと**水平関係**にあります。

イザナキが黄泉比良坂のふもとまで逃げてきたとき、桃の実を3個投げつけると、追っ手はみな、「坂を逃げ帰った」と記されています。つまり、黄泉国はこの世界よりやや上のイ

『古事記』の世界観

『古事記』は３つの世界に分かれている

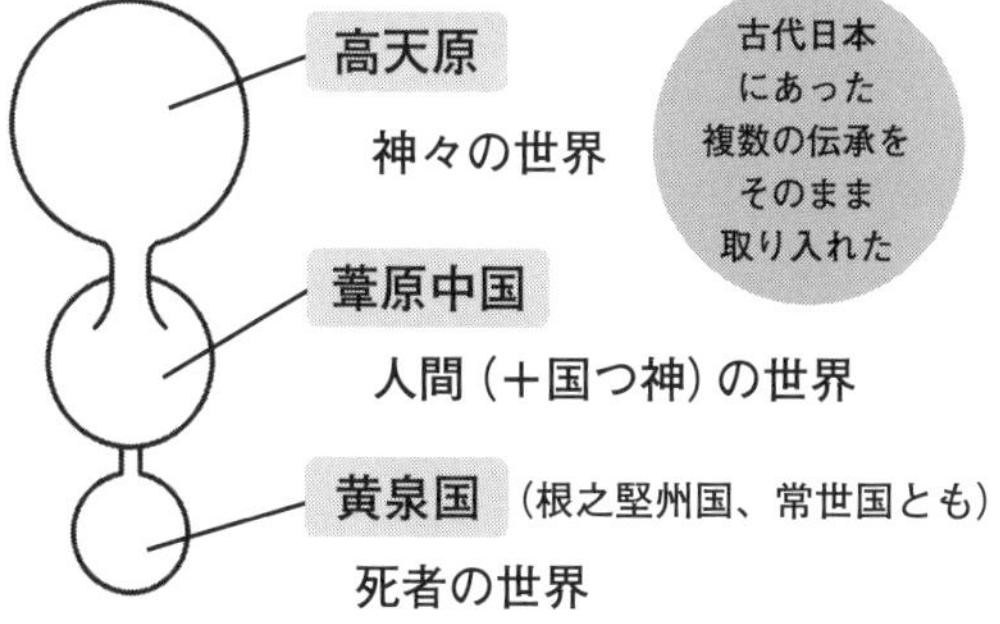

江戸時代の文献に描かれた
３つの世界の図

メージです。

「黄泉」のヨミは、ヤマ（山）の変化した言葉であることがわかっています。古代日本では、山は死体置き場とされていましたが、死人の住む黄泉国は、山のようなものをイメージしていたのでしょう。民間で信じられていた山のイメージの黄泉国が、そのまま『古事記』に押し込められているのです。

根之堅州国、常世国とは？

印象的なイザナキの黄泉国訪問ですが、これ以降は「黄泉国」は出てきません。そのかわり、死者の住む世界として**「根《ね》之《の》堅《かた》**

州国《すくに》」が出てきます。

スサノオが、母がいないことを嘆いて、「亡き母の国の中にある根之堅州国に参りたい」と言いました。スサノオの亡き母とは、イザナミを指します。イザナミは、直接スサノオを生んでいませんが、系譜上はスサノオの母にあたります。

イザナミの国とは、つまり黄泉国です。ですから、**「根之堅州国」とは「黄泉国」とほぼ同じもの**と考えられます。

また、嫉妬に狂う兄・八十神に追われるオオクニヌシが逃げたところも、「根之堅州国」でした（Ｐ48）。オオクニヌシは、そこでスサノオの命じる試練に挑戦することになります。これは地上の王となるための通過儀礼といえます。

もう1つ、死者の住む世界が出てきます。それが**「常世国《とこよのくに》」**です。

オオクニヌシが国作りをはじめたとき、スクナビコナが手を貸しました。スクナビコナは、海の彼方からやってきて、しばらくして常世国へ去ってしまった、と記されています。このことから、常世国は海の彼方にあったことがわかります。

常世国は、神々と祖霊が住む地（死者が住む世界）と考えられ、海の彼方にあります。ですから、地上の人間界とは水平関係にあります。

『古事記』では、古代日本に伝わるいくつかの伝承を整合性をつけることなく、ほぼそのまま取り入れたと考えられます。その結果、死者の住む世界として、「黄泉国」「根之堅州国」「常世国」という3通りの記述があらわれたのです。

【『古事記』上巻のあらすじ】

世界と神々の誕生

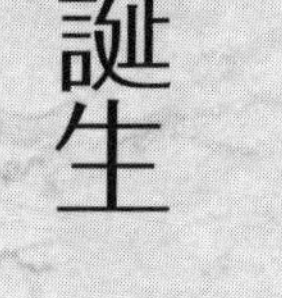

No.5

最初の主役はイザナキ・イザナミ

では、『古事記』のなかでももっとも面白いといわれる、上巻のあらすじを追ってみましょう。上巻は神々の物語です。

この世界に天と地がはじめてあらわれたとき、天にある高天原に神々が誕生します。最初の神であるアメノミナカヌシにつづいて次々に神があらわれ、やがて、イザナキとイザナミという夫婦神があらわれました。

高天原にあらわれた神々の話し合いによって、**イザナキとイザナミが地上に降りて国生み**

イザナキとイザナミによる国生み・神生み

最初の国土・淤能碁呂《おのごろ》島で
国生みの儀式を行い、
日本列島を生み出す

↓

その後、あまたの神々を生み出す
その中でも特に重要な三柱の神が「三貴子」

アマテラス

ツクヨミ
（絵に描かれることが少なく
その姿は不明）

スサノオ

の儀式を行うことになりました。いちどは国生みに失敗しますが、高天原の神々の助けもあり、日本列島が生まれました。

　それからいよいよ、あまたの神々を生み出していきます。

イザナキの黄泉国探訪

　火の神・火之迦具土神《ひのかぐつちのかみ》が生まれたとき、イザナミは大火傷を負って死んでしまいました。これを悲しんだイザナキは、イザナミを求めて死者が住む黄泉国を訪れます（「黄泉国探訪神話」）。

　イザナキはイザナミに戻ってくるように懇願しましたが、そこには、すでに恐ろしく変わりはてたイザナミの姿がありました。恐れをなしたイザナキは一目散に逃げます。イザナミと決別し、黄泉国から逃げのびたイザナキは、筑紫《つくし》の日向《ひむか》の橘《たちばな》の小門《おど》の阿波岐原《あわきはら》というところで、身を清めるために**禊**《みそぎ》をしました。

このとき、**三貴子**《みはしらのうずのみこ》と呼ばれる立派な三柱の神が生まれました。アマテラス、ツクヨミ、スサノオの三柱です。このうち、スサノオが主役となってその後の物語が展開します。

太陽神・アマテラスが隠れる

父神イザナキに「海原を治めよ」と命じられたにもかかわらず、それに従わなかったスサノオは、イザナキに追放され、姉神のアマテラスに事情を説明しようと、高天原を訪れます。アマテラスはスサノオが高天原を奪いにきたと警戒しましたが、「誓約《うけい》（神意占い）」をして身の潔白が証明され、スサノオは高天原に住むことをゆるされます。

しかし、スサノオが乱暴をはたらいてばかりいるので、アマテラスは怒って、天石屋戸《あまのいわやと》に引きこもってしまいました。これが有名な**「天石屋戸隠れ」**の神話です。

アマテラスは太陽神なので、高天原と地上は闇につつまれてしまいました。そこで神々は、

アマテラスの天石屋戸隠れ神話

太陽神であるアマテラスが
天石屋戸に隠れたため
世界が闇につつまれる

↓

高天原の神々が協力して
アマテラスを天石屋戸から
連れ出し、地上に光が戻る

太陽神・アマテラスの力は高天原だけでなく地上にも及ぶ

石屋の前で盛大なまつりを行い、わずかに戸があいたのをきっかけに、アマテラスを外へ連れ出すことに成功しました。これで高天原と地上はふたたび明るい太陽をとりもどしました。

ヤマタノオロチ退治

この一件で高天原から地上に追放されたスサノオは、出雲国《いずものくに》に降りました。そこで、八俣大蛇《やまたのおろち》（以下ヤマタノオロチ）という怪物の話を知ります。ある老夫婦の娘が毎年1人ずつ食べられ、その日は最後の娘（櫛《くし》名田比売《なだひめ》、以下クシナダヒメ）が食べられてしまうということでした。

話を聞いたスサノオは、機転をきかして、ヤマタノオロチを見事に退治します。これが「ヤマタノオロチ退治」の物語です。このとき、**のちに「三種の神器《じんぎ》」のひとつとなる草那芸《くさなぎの》剣《つるぎ》を手に入れ、**アマテラスに献上しました。

オオクニヌシの試練

スサノオから6代目にあたるのが、オオクニヌシです。ここからはオオクニヌシが主役となりますが、オオクニヌシにはさまざまな試練が待っていました。

オオクニヌシにはたくさんの兄（八十神《やそがみ》）がいました。彼らはオオクニヌシを従者として扱い、美しいと評判の八上比売《やがみひめ》（以下ヤガミヒメ）に求婚に出かけます。

しかし、ヤガミヒメが結婚相手に選んだのは八十神ではなくオオクニヌシでした。これに怒った八十神は何度もオオクニヌシを殺しますが、そのたびに、母神が蘇生させました。その後、オオクニヌシはスサノオのいる根之堅州国《ねのかたすくに》（黄泉国）に逃れ、そこでいくつもの試練を課されます。最後は、**スサノオの娘・須勢理毘売《すせりびめ》と宝物を手に入れて地上に戻りました。**

試練をのりこえたオオクニヌシは、いよいよ地上の統治者として国作りをはじめます。

オオクニヌシの国譲り

オオクニヌシは、地上の統治者として**国作り**をはじめます。国作りの協力者として、高天原の神の御子であるスクナビコナなどの神があらわれました。一方、アマテラスは地上のありさまに不満だったので、次々に使者を派遣しますが、うまくいきません。

最終的に派遣されたのが、建御雷之男神《たけみかずちのおのかみ》（以下タケミカズチ）でした。タケミカズチはオオクニヌシに地上の国を譲るよう迫ります。

これが「国譲り」のやりとりです。オオクニヌシは子に判断をあおぎます。子の1人、タケミナカタがタケミカズチに力競《ちからくら》べを挑みましたが、負けてしまい、降伏します。これで国譲りが決まりました。

ホノニニギの天孫降臨

国譲りが決まり、ちょうどそのとき、アマテラスの孫にあたる番能邇邇芸命《ほのににぎのみこと》（以下ホノニニギ）が生まれました。そこでアマテラスは、ホノニニギを地上に降《くだ》らせることにしました。

アマテラスの孫・ホノニニギが地上に降る

国つ神　タケミナカタ vs 天つ神　タケミカズチ

↓

タケミカズチが勝利し、国譲りがなされる

葦原中国平定のため
天つ神アマテラスの
孫・ホノニニギが
地上に降る

⇒その子孫がのちの初代・神武天皇に

ホノニニギは、天孫の証となる宝物（三種の神器）とともに、多くの家来神をしたがえ、筑紫日向《つくしのひむか》の高千穂《たかちほ》の久士布流多気《くじふるたけ》という山に降り立ちます。これが「天孫降臨」です。

ホノニニギは、笠沙岬《かささのみさき》で美しい木花之《このはなの》佐久夜毘売《さくやびめ》（以下サクヤビメ）を見初め、妻に迎えます。サクヤビメは3人の子を同時に出産しました。

そのうち、火照命《ほでりのみこと》は海佐知毘古《うみさちひこ》（以下ウミサチ）、火遠理命《ほおりのみこと》は山佐知毘古《やまさちひこ》（以下ヤマサチ）といわれます。

ヤマサチとウミサチ

弟のヤマサチは兄のウミサチの釣針をなくしたことから、海神・綿津見神《わたつみのかみ》（以下ワタツミ）の宮殿にむかいます。ワタツミは、ヤマサチが高貴な天孫の御子であることから丁重にもてなし、娘・豊玉毘売《とよたまびめ》（以下トヨタマビメ）と結婚させました。

３年後、ワタツミらの助けを借りて失われた釣針を見つけたヤマサチは、その釣針をもって地上に戻り、ワタツミから教わった呪いをかけて、ウミサチを退けます。弟のヤマサチが地上を統治することになります。

妻のトヨタマビメは地上で出産します。トヨタマビメの子から生まれた４人のうち、四男が**のちに初代・神武天皇となる神倭伊波礼毘古命《かむやまといわれびこのみこと》**（以下イワレビコ）です。この初代天皇の誕生をもって上巻は終わります。

【『古事記』中・下巻のあらすじ】

大和の天皇家、骨肉の争い

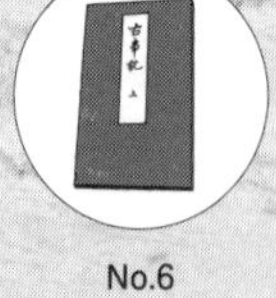

No.6

神武東征、日向から大和へ！

中巻は、イワレビコが日向から大和に移動するところからはじまります。

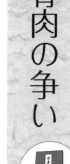

イワレビコは、一番上の兄の五瀬命《いつせのみこと》（以下イツセ）と相談し、安らかに天下を治められるところを求めて、東のほうへ行くことにしました。**「神武東征」**といわれる物語です。

海上を東に進んで、河内《かわち》の白肩津《しらかたのつ》に船をとめ、大和の登美能那賀須泥毘古《とみのながすねびこ》（以下トミビコ）の軍勢と戦います。苦戦したイワレビコたちはいったん退き、東方から大和に攻め込むため熊野に行きます。熊野から各地の豪族を攻略しながら大和に向かいました。その途中、アマテラスとタカミムスヒから神剣を授けられ、導き手として八咫烏《やたのからす》を遣わされました。そして、ついにトミビコをたおしました。

イワレビコは、**畝火《うねび》の白檮原宮《かしはらのみや》で最初の天皇として即位しました。**神武天皇です。

神武天皇にはすでに2人の后《きさき》がいましたが、大物主神《おおものぬしのかみ》（以下オオモノヌシ）の娘で美しい比売多多良伊須気余理比売《ひめたたらいすけよりひめ》を皇后にむかえ、3人の皇子をもうけました。

ヤマトタケルの武勇伝

神武天皇以降は、各天皇の代に起きたとされる主な出来事が描かれますが、物語としての面白さはそれほどありません。再び活気づくのは、**ヤマトタケル**の登場のときでしょう。

第12代の景行《けいこう》天皇の時代に、英雄ヤマトタケルがあらわれました。中巻の大きな山場です。

景行天皇には多くの皇太子がいましたが、その1人、小碓命《おうすのみこと》（以下オウス）の凶暴さをおそれていました。そこで、**オウスを中央から遠ざけるため、**「九州の熊曾《くまそ》を討伐せよ」と命じました。

命令を受けたオウスは、熊曾建《くまそたける》の屋敷に女装して入り込み、熊曾建兄弟を刺しました。熊曾建は瀕死になりながらも、「大和には、われらに勝る勇敢な男がいるのか。これからは、倭建《やまとたける》と名のるがよかろう」と言います。ここから、オウスは、倭建命《やまとたけるのみこと》（以下ヤマトタケル）と名のるようになります。

ヤマトタケルは、熊曾を平定したあと、出雲も平定し、都にもどります。しかし、天皇からは歓迎されず、今度は東国の平定を命じられました。伊勢神宮で叔母から草那芸剣《くさなぎのつるぎ》と袋を授けられます。尾張国を平定し、相武国《さがむのくに》（相模国）では国造の計略にはまりますが、草那芸剣と袋にあった火打石《ひうちいし》によって命拾いしました。さらに多くの国を平定します。しかし最後は、伊勢の能煩野《のぼの》で亡くなりました。

神功皇后は新羅を征服する

第14代・仲哀《ちゅうあい》天皇のときの話にうつります。

天皇は、ある夜、巫女となった皇后の息長帯比売命《おきながたらしひめのみこと》を通して、**「西方に金銀をはじめ財宝にあふれた国がある。その国を攻めよ」**という神託を受けました。ところが、天皇は神託を疑ったために神罰が下って命を落としました。

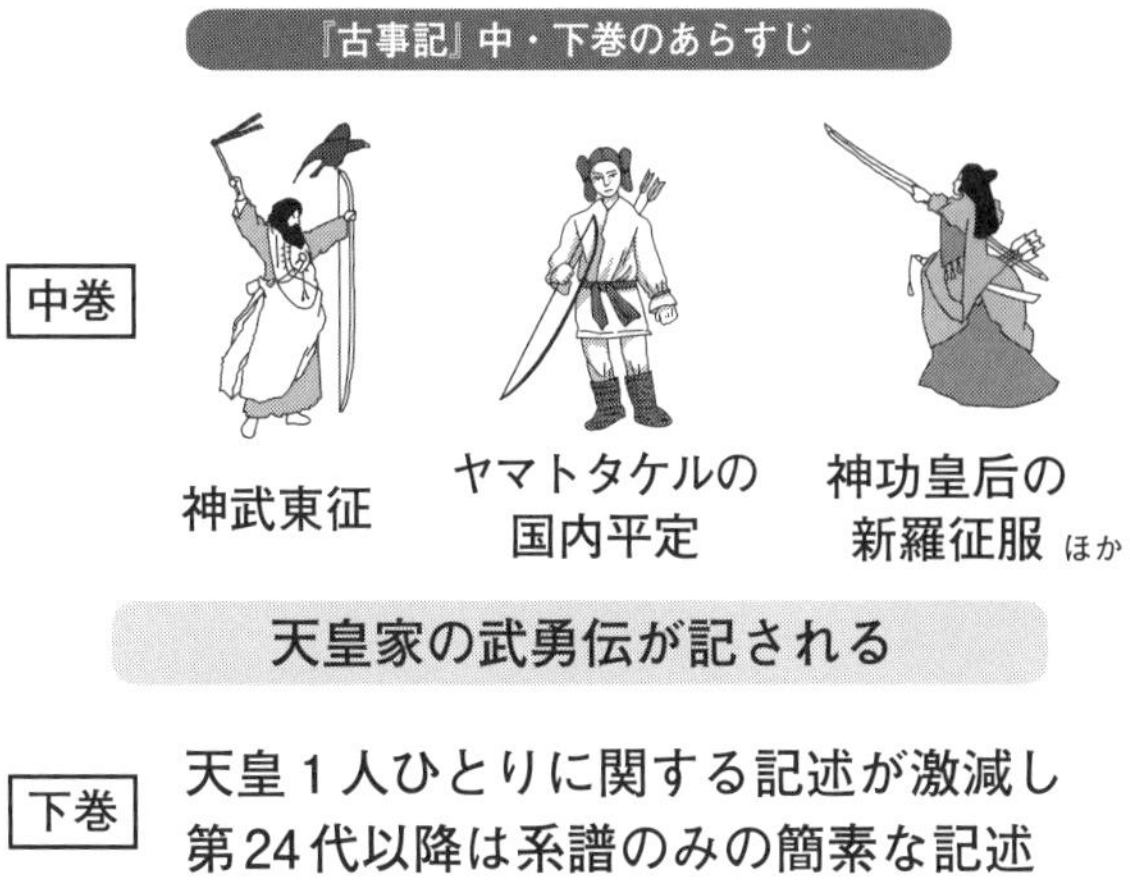
『古事記』中・下巻のあらすじ
中巻
神武東征
ヤマトタケルの
国内平定
神功皇后の
新羅征服 ほか
天皇家の武勇伝が記される
下巻
天皇1人ひとりに関する記述が激減し
第24代以降は系譜のみの簡素な記述

残された**神功皇后**は、お腹のなかの皇子が生まれ、成人するまでのあいだ、摂政をつとめることになりました。神託にしたがい、軍隊を引き連れて朝鮮半島へ遠征を行います。神の加護もあって、朝鮮半島の新羅征服はなんなく成し遂げられます。

遠征の帰り、筑紫国《つくしのくに》の宇美《うみ》で生まれたのが、**第15代・応神《おうじん》天皇**です。応神天皇は実在が確実視されている最古の天皇とされています。

応神天皇は、木幡村《こはたのむら》を訪れたとき、和邇《わに》氏の比布礼能意富美《ひふれのおほみ》の娘をひと目見て気に入り、2人は結ばれ、宇遅能和紀郎子《うじのわきいらつこ》（以下ウジノワキイラツコ）が生まれました。

この和邇氏というのは、奈良盆地の東北部

の大豪族であったことが記されています。

ウジノワキイラッコは、兄・大雀命《おおさざきのみこと》（以下オオサザキ）から皇位をゆずられますが、それに納得がいかないのが、もう1人の兄・大山守命《おおやまもりのみこと》（オオヤマモリ）です。彼はウジノワキイラッコの命を狙います。

しかし、それに気づいたオオササギから知らせを受けたウジノワキイラッコは、裏をかいてやりすごし、オオヤマモリは溺れ死にました。

オオサザキとウジノワキイラッコは皇位をゆずりあいますが、ウジノワキイラッコが早世したため、オオサザキが即位しました。これが第16代・仁徳《にんとく》天皇です。

ここまでが中巻の話になります。

天皇家のお家騒動

下巻は、仁徳天皇の話からはじまります。

仁徳天皇は、「3年間、人々から租税を取らない」と宣言しました。この措置によって人々は裕福になり、天皇は「聖帝」と称えられました。

次の履中《りちゅう》天皇は、弟の墨江中王《すみのえのなかつみこ》の謀反にあいますが、間一髪のところを近臣によって助け出されました。こうした天皇家のお家騒動は、**第21代雄略天皇**の即位にいたるまで続きます。ここでは省略しますが、興味のある方は読んでみてください。

第24代・仁賢《にんけん》天皇の即位までは、そのときあった出来事が記されていますが、それ以降になると、系譜が記されるだけになります。唯一、継体天皇のところに、石井《いわい》の反乱に関する記述があるだけです。

こうして『古事記』の全物語は終わります。

【古事記の神々は全国の神社にむかえられた】

『古事記』と天皇・神道

No.7

人代は神武天皇から

『古事記』では、神々が治める神代《かみのよ》から人間が治める人代《ひとのよ》に変わる節目があります。それが、初代・神武天皇（神倭伊波礼毘古命《かむやまといわれびこのみこと》）とされています。

その理由は、神武天皇のあたりから物語に現実味が増していること、「御年○○歳。御陵は△△にあり。」という記述で、**天皇が人間のような寿命をもつ存在となっている**ことです。

神武天皇は１３７歳で没したと記されています。これはかなり長いですが、神武天皇の祖父にあたる火遠理命《ほおりのみこと》は、５８０歳で没したとなっていて、とても人の寿命とはいえませ

古代天皇の系譜

初代～第14代天皇が実在したかは怪しい

・天皇の死後与えられる諡号が違う
・実在を証明する遺物の発見はない
（天皇の墓にあたる古墳も発掘調査ができない）

①神武天皇　②綏靖天皇　③安寧天皇
④懿徳天皇　⑤孝昭天皇　⑥孝安天皇
⑦孝霊天皇　⑧孝元天皇　⑨開化天皇
⑩崇神天皇　⑪垂仁天皇　⑫景行天皇
⑬成務天皇　⑭仲哀天皇　⑮応神天皇

…実在した可能性の低い天皇

ん。第2代・綏靖《すいぜい》天皇は45歳、第3代・安寧《あんねい》天皇は49歳で亡くなったと記されています。

およそ当時の普通の人の寿命となっていることから、人代になったと考えられます。

では、神武天皇は実在していたのでしょうか？　じつは、その可能性は低いとされています。神武東征の神話には何らかの史実が反映されている可能性は否定できませんが、それを証明する遺跡や遺物の発見は一切ありません。神武東征は架空のものと考えられています。

実在性の高い最初の天皇は、**第10代・**

崇神天皇《すじん》といわれています。その理由は、神武天皇以降の第2代から第9代までの事績がなく、ただ系譜だけが記されているのに対し、崇神天皇は神武天皇以降で最初に具体的で詳細な事績が書かれているからです。

また、崇神天皇が「初国《はつくに》知らしめしし御真木の天皇」（はじめて天下を治めた天皇）と呼ばれていたことも、実在の根拠といわれています。崇神天皇は168歳という驚異的な長寿を全うしたことになっています。

応神天皇から実在

崇神天皇以降の数代は、実在性の議論がわかれるところですが、**ほぼ確実に実在したといわれるのは、第15代・応神天皇**です。そして、応神天皇以降の天皇は実在性が高いと考えられています。

崇神天皇から応神天皇のあいだの天皇の多くも、実在していたとする説があります。この説に付随して唱えられていることは、**応神天皇即位のときに王朝交替があり、応神天皇は新王朝の創始者ではないか**、というものです。

その理由の1つが、**和風諡号**《しごう》（死後に贈られる称号）の変化です。応神以前の天皇は、第10代・崇神天皇が「御真木入日子印恵命《みまきいりひこいにえのみこと》」、第11代・垂仁天皇は「伊久米伊理毘古伊佐知命《いくめいりびこいさちのみこと》」であり、いずれも**「イリヒコ（イリビコ）」**がつきます。

これに対し、応神天皇は「品陀和気命《ほむだわけのみこと》」、第17代・履中天皇は「伊邪本和気命《いざほわけのみこと》」、第18代・反正天皇は「水歯別命《みずはわけのみこと》」と**「ワケ」**がつきます。応神天皇を境に「イリヒコ」系から「ワケ」系に変化しているのです。

もう1つの理由は、応神天皇の母・神功皇后が巫女となって、「この国は、汝命《いましみこと》（神功皇后のこと）の御腹《みはら》にいる御子《みこ》（応神天皇のこと）が治める国である」という神託を受けましたが、実際に生んだのは、夫の仲哀天皇の死後1年以上がたっていたことです。

つまり、**神功皇后から生まれた子（応神天皇）は仲哀天皇の子ではない**ことを暗示しています。では、応神天皇は誰の子かというと、神託を授けた神（住吉三神のうちの一神）の子とされているのです。このことは住吉大社の古記録にもあります。

もし王朝交替説が本当だとすると、天孫降臨からはじまる天皇家が1つの系統でつづいているとされる「万世一系」が崩れることになります。

神社にまつられた『古事記』の神々

イザナキ・イザナミ、アマテラス、スサノオ、オオクニヌシなど、『古事記』に登場する神々は、全国各地の神社にまつられています。

なかには、同じ神が、歴史も成り立ちも違う別の神社にまつられていることもあります。『古事記』の神々は、どのようにして各地の神社に迎えられたのでしょうか？

神をまつる神社は、民間から発祥したものです。前述のように、古代日本では、山や川などの自然物に神が宿ると考えられていました。山の神、水の神、川の神などの神をまつることで、さまざまなご利益を授けてくれる、と信じられていました。そのため日本では、**「八百万《やおよろず》の神」**と呼ばれるほど多数の神がまつられてきたのです。

そうして神がまつられた神社ですが、当初は立派な社殿もなく、神に具体的な名前がないことも少なくありませんでした。

一方、朝廷は、天皇家のルーツにからめて、日本古来の神々の名前や個性、働きを整理しました。それが記紀神話です。

朝廷にとっての次の仕事は、**記紀神話に登場する神々を全国各地にまつる**ことでした。文

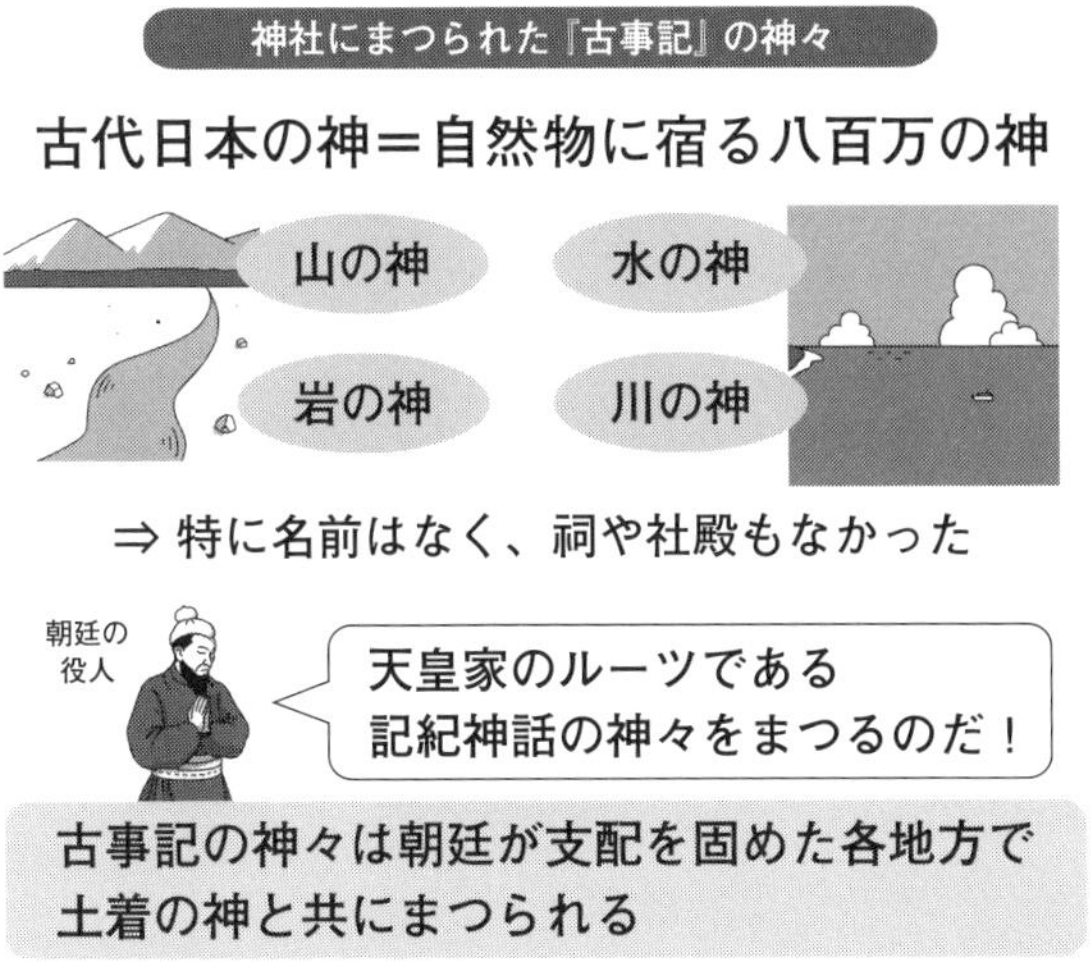
神社にまつられた『古事記』の神々
古代日本の神＝自然物に宿る八百万の神
山の神
水の神
岩の神
川の神
⇒ 特に名前はなく、祠や社殿もなかった
朝廷の役人
天皇家のルーツである
記紀神話の神々をまつるのだ！
古事記の神々は朝廷が支配を固めた各地方で
土着の神と共にまつられる

配を固めた地域の神社には、天皇家由来の神々として記紀神話に登場する神をまつらせたのです。

各地の神社が新たに神々を迎えいれてまつりますので、結果的に各地の神社に同じ神がまつられるようになりました。

また、氏神をまつる大規模な神社では、多くの神がまつられました。本社とともに境内にある摂社《せっしゃ》や末社《まっしゃ》などの小規模な社には、本社と関係がある神のほか、現地の地主神がまつられました。こうして、1つの神社に多くの神が存在することになったのです。

神社にまつられた記紀神話の神々は、

長い時をかけて民衆の生活にとけ込み、いまにいたっています。

皇室と発展した神道

天皇家は、記紀神話の神々をまつることを重要な仕事としてきました。そのため、**日本の神道は天皇家とともに発展してきた**といえます。

一般に神道というと、古来人々が信じてきた八百万の神々を信仰するものであり、日本土着の固有信仰というイメージがあります。仏教や儒教などの外来信仰が流入するまえからあった、と考えがちです。

しかし、最近の研究では、「神道」という言葉そのものが広まったのは、**中世以降**のことであることがわかってきました。

仏教は公的には6世紀前半に伝来し、それから日本では「神仏習合」という信仰形式が定着していきました。

このとき、仏教という外来の教義が浸透するにつれて、**あらためて日本独自の信仰である「神道」なるものが意識される**ようになりました。中世以降、「神道」が前面に出てきたのです。

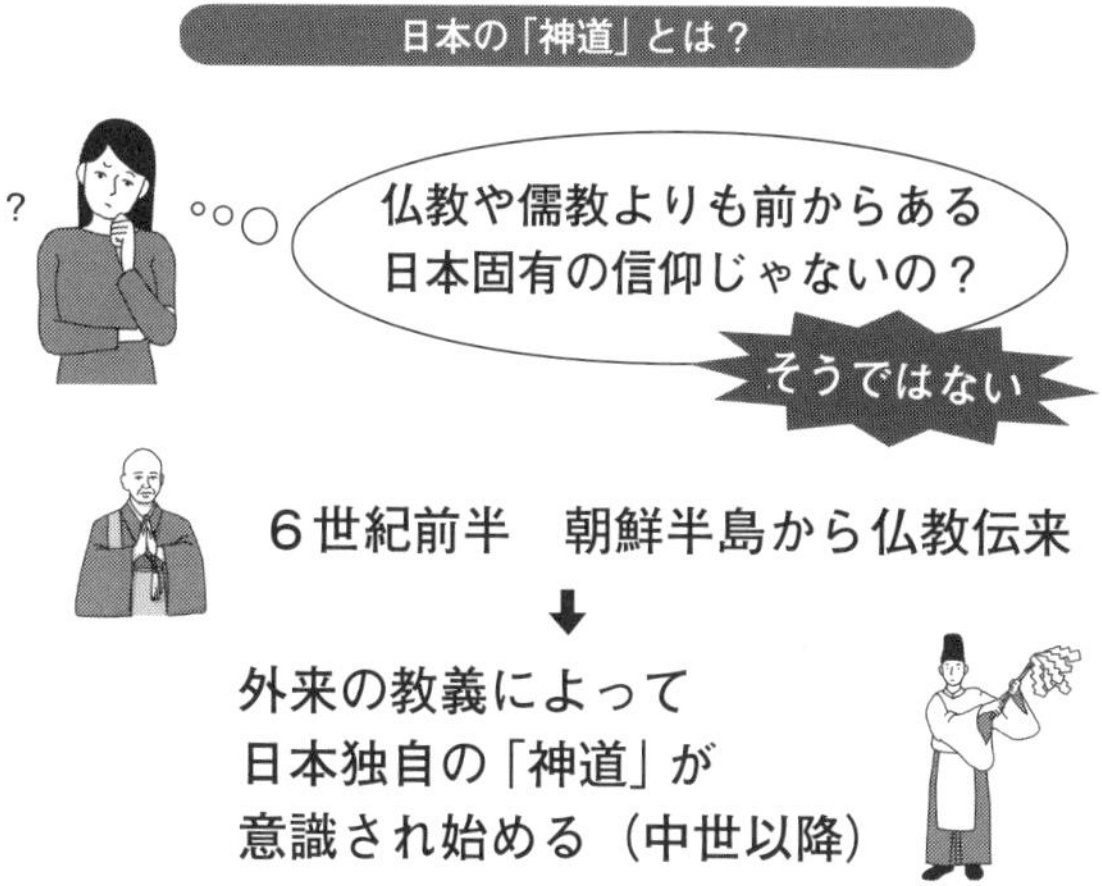
日本の「神道」とは？
?
仏教や儒教よりも前からある
日本固有の信仰じゃないの？
そうではない
6世紀前半　朝鮮半島から仏教伝来
外来の教義によって
日本独自の「神道」が
意識され始める（中世以降）

神道といっても、各地の神社などによってさまざまな教義体系が作り出されました。なかでも影響力が大きかったのは、皇祖神・アマテラスをまつる伊勢神宮の「伊勢神道」でした。

神道の原典を『古事記』『日本書紀』の神話におくように考えられたのは、近代になってからのことです。

はじめから神道と記紀神話が結びついて発展してきたわけではない、ということです。

【富士山と邪馬台国が登場しない⁉】

『古事記』と古代日本

No.8

「富士山」が登場しない⁉

『古事記』は日本の成り立ちを伝える重要な史料ではありますが、古代日本の姿を網羅的に過不足なく伝えているわけではありません。**多くのことが欠落しています**。なかでも象徴的なのが、地理的な面からいうと**「富士山」**であり、歴史的な面からいうと**「邪馬台国」**です。

地理的な面から見てみましょう。

『古事記』には「富士山」という言葉が一度も出てきません。

前述のように、イザナキ・イザナミの国生みの際には、（1）淡路島、（2）四国、（3）

隠岐島、(4)九州、(5)壱岐島、(6)対馬、(7)佐渡島、(8)本州という、合わせて8つの島と、そのまわりの6つの小さな島が生まれました。これが『古事記』の描く日本列島のすべてです。

ここでまず明らかなことは、**北海道と沖縄がない**ことです。これは当然といえば当然です。日本の中央政権が北海道に進出をはじめるのは15世紀頃からです。江戸中期の日本地図にも北海道は描かれていませんでした。一方、沖縄は日本とのつながりはうすく、15世紀に琉球王国が成立し、独立した王国として繁栄しました。北海道・沖縄ともに、正式に日本の領土となったのは明治以降のことです。

また、(8)本州(大倭豊秋津嶋《おおやまととよあきづしま》)についても、**いまの本州全体を指すわけではなく、近畿広域を指していた**と見られています。たとえば、東北地方は「本州」に含まれていません。朝廷が東北に進出するのは7世紀中頃からのことで、朝廷の支配が確立するのは平安時代になってからのことだからです。

つまり、『古事記』が描く地図は、『古事記』成立当時、朝廷の支配が及んでいた地域を指しているにすぎず、現在の日本列島を指しているわけではないのです。

「富士山」が登場しないことも、この朝廷の支配範囲と関係しています。

敵対する東国の聖山

『古事記』のなかで東国についての言及があるのは、ヤマトタケル東征の物語です。そこには富士山は出てこないのでしょうか？

景行天皇から、「東方の12の国を回って、荒ぶる神と従わない者どもを平定せよ」という命を受けたヤマトタケルは、尾張国《おわりのくに》（愛知県北西部）、相模国《さがみのくに》（神奈川県）、焼遺《やきつ》（焼津市）、走水海《はしりみずのうみ》（浦賀水道）、科野坂《しなののさか》（長野県と岐阜県の境にある神坂峠《みさか》）など、富士山の周辺をめぐっていきます。

これらの場所からは、普通に考えれば富士山が見えるはずですが、その姿についてふれたような記述は1つもありません。あえて避けているようにも思えます。

じつは**『日本書紀』でも同じ**です。7世紀後半に天武天皇が編纂を命じた『古事記』と『日本書紀』においては、日本の象徴たる富士山がいちども登場していないのです。

ところが、『古事記』『日本書紀』から数十年後に編纂された**『万葉集』**には、「富士山」「ふじの高嶺」「ふじの嶺」などと詠まれています。同時期に成立したとされる**『常陸国風土記《ひたちのくにふどき》』**にも「富士山」は登場します。正史のなかでは、797（延暦16）年成立の**『続日本紀』**

富士山と『古事記』の関係

当時の「日本」は、近畿を中心にした西日本

↓

東国にある富士山は朝廷の支配圏外にあった「敵である東国の聖山」

『古事記』だけでなく
『日本書紀』にも記述がない

しかし、

田子の浦ゆうち出でて見れば真白にそ
富士の高嶺に雪は降りける
山部宿禰赤人　『万葉集』第三巻

富士山は歌にも詠まれ人々に親しまれていた

ではじめてふれられています。781（天応元）年7月の富士山噴火についてです。

このように、同時代の史料には富士山への言及があるのに、記紀神話ではなぜ取り上げられていないのでしょうか？

古代日本の人々が、富士山を軽視していたわけではありません。むしろ逆で、富士山は古来、人々の重要な拠り所となっていました。とくに東国では、富士山を信奉する人々の世界があったと考えられています。

しかし、大和政権側から見ると、東国の人々は敵でしかありません。東国の人々は、「荒ぶる神と従わない者」だったのです。

そんなとき、東国の人々が聖山とする富士山を、自分たちのルーツを語る記紀神話に取り入れるわけにはいかなかったのです。

ヤマトタケルの東征は、富士山のまわりをめぐるような旅でしたが、それは**富士山を聖山とする「荒ぶる神と従わない者」**を平定するための旅だったのかもしれません。

しかしその試みは失敗に終わりました。

卑弥呼が投影されている!?

次に歴史的な面から見てみると、『古事記』には「邪馬台国」や**「卑弥呼」**が登場しません。これは、邪馬台国が大和政権と接点がなかったか、あるいは、「富士山」が無視されたのと同じように、朝廷の支配を及ぼすうえで邪魔な存在であったことが考えられます。

別の可能性としては、一見わからない形で登場しているのでは、という説が唱えられています。どういうことでしょうか?

じつのところ、「邪馬台国」と「卑弥呼」について伝える史料というのは日本側にはありません。中国の史書『三国志』の「魏書《ぎしょ》・東夷伝《とういでん》」（いわゆる『魏志倭人伝《ぎしわじんでん》』）に記載があるだけなのです。

邪馬台国と『古事記』の関係

『古事記』では邪馬台国に触れられていない

➡
・朝廷と邪馬台国に接点がなかった？
・朝廷にとって邪馬台国は邪魔な存在だった？

アマテラス　卑弥呼　神功皇后

いろいろな仮説が立てられるが、真相はいまだ不明

『日本書紀』にも「邪馬台国」や「卑弥呼」の記載はありません。ところが、『日本書紀』には「卑弥呼」を思わせる皇后が登場します。それが、朝鮮遠征で新羅征服を行ったという**神功《じんぐう》皇后**です。

『日本書紀』には、ほかの天皇と同様に独立した項目として、**「神功紀」**が立てられています。神功紀では、たびたび『魏志倭人伝』からの引用が見られますが、それが卑弥呼を思わせる記述となっています。

たとえば、「239年6月、倭の女王が使者を遣わした」というものです。この年は邪馬台国の女王・卑弥呼が魏へ使いを送った年とされていることから、この

「倭の女王」は卑弥呼のことだと考えられるのです。

このように、神功紀には卑弥呼を思わせる記載がいくつも入り込まれています。

ここから推察されることの１つは、『日本書紀』の編者が誤って、**神功皇后と卑弥呼を同一人物と考えていた**ということです。結果的に、この神功紀の記載から、江戸時代には神功皇后は卑弥呼だという考えが広まりました。

もう１つの推察としては、**意図的に神功皇后に卑弥呼の姿を投影した**のではないか、という考え方があります。

そもそも神功皇后というのは実在性が疑われていて、存在感がありませんでした。そこで実在性を補うものとして、あえて中国の史書から「倭の女王」の記載をもってきて、重ね合わせたのではないかと考えられるのです。

卑弥呼はアマテラスなのか？

「卑弥呼はアマテラスではないか」という説もあります。これは明治期の東洋史学者の白鳥《しらとり》庫吉《くらきち》が１９１０年の論文「倭女王卑弥呼考」ですでに言及していることです。

また、1920年には、東京大学の哲学者・和辻哲郎《わつじてつろう》が「日本古代文化」をあらわし、白鳥説をさらに発展させて支持しました。

戦前・戦後を通して「卑弥呼＝アマテラス」説は盛んに唱えられてきました。それによると、邪馬台国は九州にあって、その後継勢力が奈良盆地方面に東遷して、大和朝廷になったといいます。神武天皇東征の神話は、邪馬台国の東遷を伝えたものだと考えられました。

アマテラスの活躍した時期を、『魏志倭人伝』にある倭の女王・卑弥呼の活躍時期と重ね合わせる説もあります。この計算によると、**卑弥呼の亡くなる前後に、ちょうど北九州で皆既日食が2年つづけて起きている**ということです。

これがアマテラスの天石屋戸隠れ神話になったのではないかという見方ができるのです。

アマテラスが卑弥呼なのか、神功皇后が卑弥呼なのか――。古代史へのロマンをかきたてるこうした読み解きは興味がつきません。今後の発掘調査や研究が進めば真相が明らかになる日がくるかもしれません。

【本居宣長によってメジャーな古典に】

『古事記』受容の歴史

No.9

サブテキストにすぎなかった

8世紀初頭に登場した『古事記』は、人々にどのように読まれ、受け継がれてきたのか、その受容の歴史を見てみましょう。

いまではもっとも重要な史書の1つとされる『古事記』ですが、編纂された当初はそれほどメジャーな存在ではありませんでした。

歴史的にはじめて『古事記』が読まれたことを示す出来事としては、平安時代の9世紀から10世紀半ばにかけて開かれた「日本紀講筵《にほんぎこうえん》」があります。日本紀講筵とは、朝廷主宰の『日本書紀』の講義の場で、主に臣下のために開かれていました。

目的は、『日本書紀』をもとに、神話が伝える古代世界の姿を明らかにし、それによって日本や天皇のルーツを知ることにありました。

日本のルーツを知るには、日本人の言葉で理解するのが一番です。しかし、『日本書紀』は漢文で書かれています。ヤマトの古い言葉で読み直す必要がありました。

そこで、「古語」「倭語」がわかる本として参照されたのが『古事記』だったのです。

つまりこの時代は、**日本神話を知るためのスタンダードはあくまでも『日本書紀』であり、『古事記』はサブテキスト**という位置づけにすぎなかった、ということです。

平安時代の興味深いエピソードとしては、紫式部の『源氏物語』があります。同書には、『日本書紀』よりも『古事記』に価値を見出すような一節があります。

それは光源氏のセリフで、「日本紀などはただかたそばぞかし（『日本書紀』などはただ通り一遍のことしか記されておらず）」とあるのです。

これは、『日本書紀』などの公的な史書よりも、作り物語のほうが人情の機微や社会の実情のことなどが詳しく書かれ、価値があるという意味で記されたものです。

これを少し深読みすると、漢文の形式的な文章の『日本書紀』よりも、古語の豊かな叙述の『古事記』のほうが価値があり、面白いという意味にも読み取ることができます。『源氏物語』などの仮名文の世界は、まさに『古事記』の古語・倭語の世界に通じるものがあるからです。

本居宣長以降に有名に

鎌倉時代から南北朝時代にかけては、基本的に『古事記』の位置づけは変わりませんでした。この時代、『日本書紀』の注釈書が作られますが、『古事記』は「古語」の参考書として利用されていました。

ちなみに、『日本書紀』『古事記』を読んで研究していたのは、寺院の僧侶たちです。そうした事情もあって、現在伝わっている『古事記』のもっとも古い写本は、南北朝時代に名古屋の真福寺で書かれたものです。

江戸時代に入ると、『古事記』はメジャーな古典として躍り出ます。

きっかけは、１６４４（寛永21）年に京都の出版業者からはじめて刊行された『古事記』の印刷本でした。それまでは限られた人間にしか読まれることがなかった『古事記』が、そ

『古事記』と日本人

【平安】

紫式部『源氏物語』の中で…

通り一遍のことしか書かない日本書紀より物語（である古事記）の方が価値があるよ

光源氏

↓

【江戸】

『古事記』の印刷本が出回り…

『日本書紀』だけでなく、『古事記』もまた重要な古典である！

本居宣長

↓

【明治】

記紀神話が歴史の授業で教えられるなど、研究、文学、芸術など分野を問わず一般に『古事記』が扱われるようになる

小泉八雲
（ラフカディオ・ハーン）

の気になれば一般の人も読むことができるようになったのです。

1756（宝暦6）年、国学者の**本居《もとおり》宣長《のりなが》**がこの『古事記』の本を購入しました。宣長は『古事記』を研究し、注釈書として『古事記伝』を書きます。

宣長は、それまでの『日本書紀』を中心とする研究を批判し、はじめて『古事記』にスポットライトをあてました。これ以降、『古事記』は重要な古典として扱われるようになるのです。

歴史の授業で教えられる

明治期になると、近代天皇制のもとで、

『古事記』と『日本書紀』は国家神道の聖典として崇《あが》められる存在となります。

学校では、『日本書紀』『古事記』をもとにした日本神話が教えられました。何の教科かというと、**「歴史」**です。**教科書には、歴史に接続するものとして神話が掲載された**のです。

ただ、これは日本が特殊な歴史教育をしたというわけではありません。近代日本の教育は欧米を参考としており、歴史の授業を聖書やギリシャ神話からはじめるヨーロッパにならった結果だった、ともいわれています。

学校の歴史の授業で神話が教えられる一方、学界では、神話はあくまでも神話で、歴史的事実とは違うという視点での研究も行われていました。

たとえば、1892年、歴史学者・久米邦武《くめくにたけ》が雑誌『史海』に掲載した論文「神道ハ祭天ノ古俗」では、神道家に対する批判的な記述がなされています。

大正期の1919年には、日本史学者・津田左右吉《つだそうきち》の論文「古事記及び日本書紀の新研究」で、『古事記』の史実性をはっきりと否定しています。

日本神話にあこがれた外国人

この時代から、『古事記』の神話は芸術や文学など多方面に影響を及ぼしました。

1883（明治16）年、海軍兵学寮の英語教師・チェンバレンが『古事記』の英訳本を刊行しました。それを読んだひとりの外国人が、1891（明治24）年、島根県の尋常中学校と師範学校に英語教師として赴任してきました。それが、作家・**小泉八雲**《こいずみやくも》として知られる**ラフカディオ・ハーン**です。

アイルランド人の父とギリシャ人の母をもつ彼は、在米中に万博の日本館を訪れ、東洋的な神秘世界に惹かれ、さらに英訳『古事記』を読んで日本神話の世界に関心を深めていったといいます。

島根滞在は1年3ヵ月あまりと短いですが、そのあいだにふれた出雲神話や民間伝承が豊かな土壌となって、『怪談』をはじめとする多くの名作をあらわしました。帰化名の「八雲」も、出雲神話に登場するスサノオが詠んだ歌から引用されたと考えられます。

『古事記』の神話は、はやくから図像化もされました。江戸時代の絵師たち、**葛飾北斎**《かつしかほくさい》や**歌川国芳**《うたがわくによし》ら歌川一門は、神話を題材とした浮世絵を多く残しました。

明治期に有名なのは、西洋画家の**青木繁**《あおきしげる》です。彼は、「わだつみのいろこの宮」や「大穴牟知命《おおなむちのみこと》」などの作品で、日本神話の神々を美しく描き出しました。ただ、画風はイギリスで起きたラファエル前派という美術運動の影響を受けていて、日本的な神話世界からはかけ離れています。

日本画家では**菊池容斎**《きくちようさい》や**松本楓湖**《まつもとふうこ》がいます。一般の人に親しまれたのは、**月岡芳年**《つきおかよしとし》や**尾形**《おがた》**月耕**《げっこう》らの浮世絵タッチのものがありました。

大正期には、作家・**芥川龍之介**がスサノオを主人公とした作品「素戔烏尊《すさのおのみこと》」「老いたる素戔烏尊」を書いています。

大正デモクラシーと呼ばれる比較的自由な時代の空気を反映して、スサノオはまるで野人のように生き生きと描写されました。

政治思想に悪用される

比較的自由な議論がかわされていた日本神話の研究ですが、１９３０年代以降の軍部の先鋭化とともに言論統制が強まり、自由な議論が封殺されていきます。

『古事記』『日本書紀』神話は、**天皇統治の正当性を保証する役割**を担い、日本神話は史実として国民のなかにすり込まれていきました。

神話の信憑性を批判すれば、不敬罪や著作の発禁処分を受けました。たとえば、先に紹介した津田左右吉の研究などは、1940（昭和15）年に「皇室の尊厳冒涜罪」として起訴され、発禁処分を受けています。

戦争が終わると、『古事記』『日本書紀』神話は歴史教科書から姿を消しました。戦前の政治思想に悪用され、**危険な書物という烙印を押された『古事記』**は、民衆生活や教育現場から排除されます。いったん軍国主義と結びついた『古事記』の不運は長らく続くこととなりました。現在の教科書にも『古事記』は採用されていません。

一方、戦後の学界では、はじめは神話へのアレルギー反応もあって、『古事記』や『日本書紀』から史実性を認めることには消極的でした。

しかし、『古事記』が国家神道から解放され、『古事記』は『古事記』そのものとして自由に議論する対象となったこともあって、神話のなかから歴史的事実を見つけだそうとする研究が盛んになりました。

さらに考古学、民俗学などの研究も進み、より客観的な研究が行われるようになっています。

第2章

古事記の名場面を読み解く

【生命とともにこの世は誕生した】

天地創成

No.1

神はあとから誕生した

どんな地域のどんな民族でも、その神話の多くは、天地創成からはじまります。この世がどのようにはじまったのか、大地がどのようにつくられたのか、神や人がどのように生まれたのかを説明します。

ユダヤ教やキリスト教のような一神教では、**神は天地創成以前から存在している**ことになっています。神は万物の創造主なのです。『旧約聖書』には、「はじめに神は天地を創造された」とあります。神は何もないところから世界を創り上げたということです。

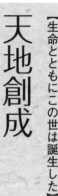

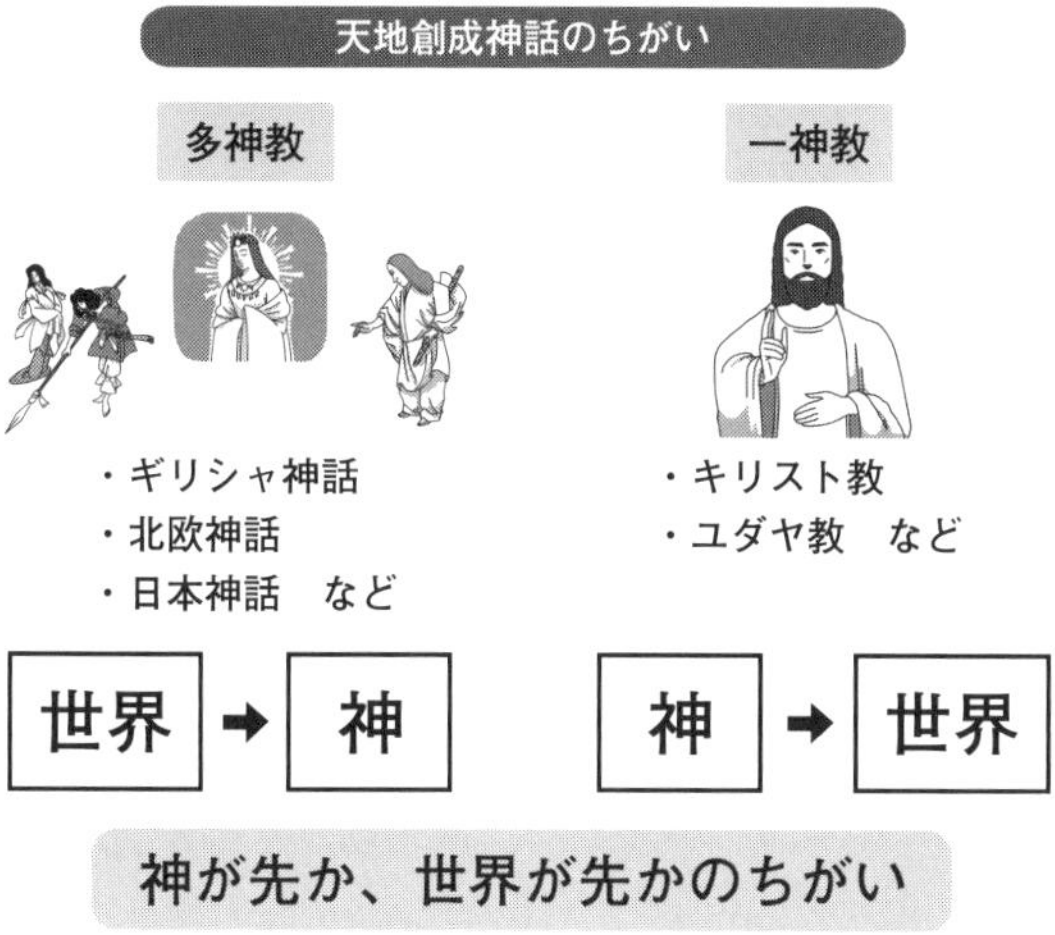

一方、地中海世界に広がっていた多神教のギリシャ的な創世神話では、**はじめに万物の根源としてカオス（混沌）があり、神はあとから誕生**します。神はカオスに形と構造を与える役割で、それによってこの世界が創られたと考えました。

じつは日本の『古事記』の創世神話は、後者のタイプに属します。はじめに天と地があらわれ、神はあとから誕生します。

この世の根源は生命活動

『古事記』の冒頭は、「天地初発」と

あります。訓読みは、「アメツチ　ハジメテ　アラワレシトキニ」や「アメツチ　ハジメテ　ヒラケシトキニ」などとなります。

この世は、天と地が分離した状態からはじまり、それから神があらわれた、ということです。

天上世界の高天原にはじめにあらわれた神は、天之御中主神《あめのみなかぬしのかみ》（以下アメノミナカヌシ）です。この神は、「天空の真ん中の主人」という意味の名前が示すとおり、この世の中心を定めた神です。

つづいて、高御産巣日神《たかみむすひのかみ》（以下タカミムスヒ）と神産巣日神《かむむすひのかみ》があらわれます。この「ムスヒ」の二神は、「ムス」が「育つ・生える」という意味から、**生命活動そのもの**をあらわしていると考えられます。

そのあと、地上がまだクラゲのようにただよっているときに、葦《あし》の芽のように勢いよく伸びるものによって、宇摩志阿斯訶備比古遅神《うましあしかびひこぢのかみ》という神があらわれます。

「アシカビ」の「アシ」は**葦**、「カビ」は**芽**のことですから、これもやはり**生命活動のシンボル**となっています。『古事記』には、生命活動をあらわす「葦」がたびたび出てきます。

前述したように（P39）、古代人が集まった場所は湿地の葦原であることから、人間が住む

『古事記』に記された「この世のはじまり」

イザナキ・イザナミよりも前に「生命」を司る性別のない神が誕生していた

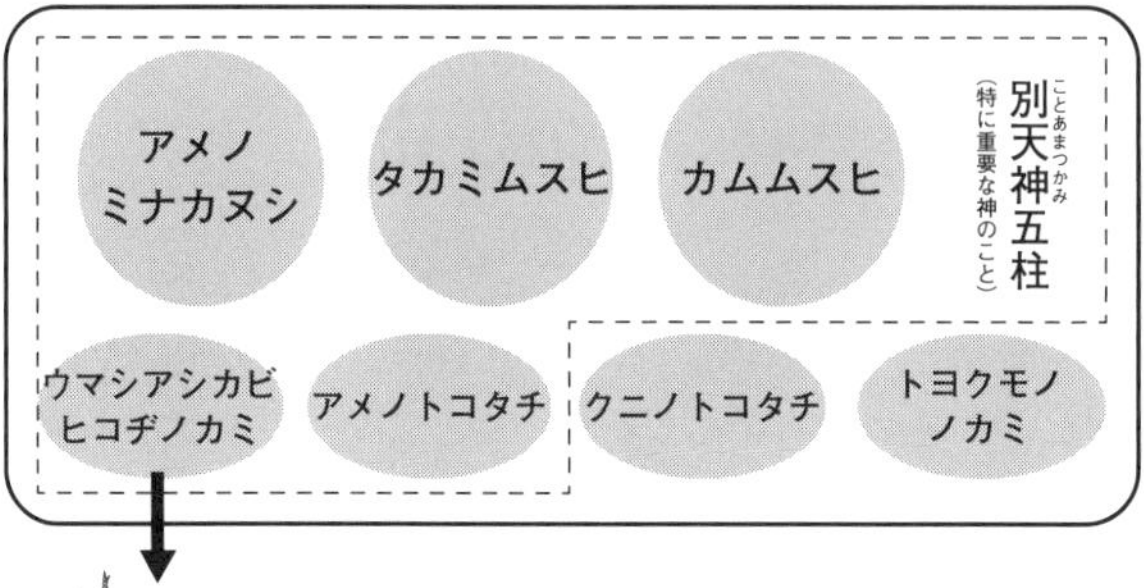

「アシカビ」の「アシ」は葦、「カビ」は芽を意味し、葦の芽が成長し広がる葦原が人間の住む世界になった

地上の世界は「葦原中国《あしはらのなかつくに》」と呼びました。

はじめの三柱の神につづいて、天之《あめの》常立神《とこたちのかみ》、国之常立神《くにのとこたちのかみ》があらわれます。「トコタチ」とは、床に立つイメージで、永遠不動でしっかり立っていることをあらわしています。「トコタチ」の二神は、「ムスヒ」「アシカビ」のあとにきていることから、生命活動が永遠につづくことを願っていると考えられます。「天」「国」の順番は、そのまま「天」と「国（地上）」の序列をあらわしています。

それから、独神《ひとりがみ》の豊雲野神《とよくもののかみ》の誕生をへて、男女5対の神があらわれます。

最後の男女ペアが、イザナキとイザナミです。

このように、この世のはじまりにあたっては、その根源に生命活動があるのが『古事記』の特徴となっています。**「この世は生命の誕生とともにはじまった」**というユニークなメッセージが発信されているのです。

陰陽思想の『日本書紀』

生命活動に根源をおいた『古事記』に対し、『日本書紀』の天地創成は物質的です。「古に天地未だ剖《わか》れず、陰陽分れざりしとき」とあり、天と地が未分離のカオスの状態からはじまります。そのカオスのエネルギーが凝り固まって、天と地に分離します。万物が陰と陽からなると考える中国の陰陽思想の影響が見てとれますが、国外向けを意識した史書である『日本書紀』ならではといえます。

また、**高天原という概念はなく**、アメノミナカヌシにつづく三神もあらわれません。最初にあらわれる神は、国之常立神《くにのとこたちのかみ》であり、国土の永遠性を祈願した平凡なはじまりとなっています。

生命活動を根源とする『古事記』の発想は使われていないのです（ただし、『日本書紀』の6つの異伝の1つにだけ、『古事記』に似た資料があります）。

【人類最初の夫婦の契りは失敗していた】

国生みと神生み

No.2

水蛭子が生まれて失敗

高天原に生まれた別天《ことあま》つ神5柱の話し合いの結果、**イザナキとイザナミが国作りをする**ことになりました。神々は「この漂う大地を固め、しっかりした国土を作りなさい」と命じ、二神に天《あめ》の沼矛《ぬぼこ》を授けました。

イザナキとイザナミは、高天原と地上をつなぐ**天《あめ》の浮橋《うきはし》**に立ち、天の沼矛をさしおろし、コロコロとかきまぜました。

矛を引き上げると、矛の先からしたたり落ちる海水が積もり重なって島となりました。この島が淤能碁呂島《おのごろじま》で、最初の国土にあたります。二神は淤能碁呂島に降り立ち、神聖な柱と広い御殿を建てました。

それから二神は、夫婦の契りを交わします。イザナキは、「この神聖な柱を互いに逆方向にまわって、出会ったところで交わりましょう」と言います。つまり、性行為のことです。『古事記』の倭語では、「麻具波比《まぐわい》」となっています。

「麻具波比」のもともとの意味は、「麻」が「眼」にあたることから、「眼をかわす」「見つめ合う」というものだったと考えられています。

さて、最初の性行為ですが（これは人類最初の性行為にあたるわけですが）、失敗しました。二神が柱をまわって出会ったとき、イザナミが「ああ、なんて素敵な男なの」と言ったのに対し、イザナキは「ああ、なんて素敵な女だろう」と言ってから、「女がはじめに言うのはよくない」と言いました。

案の定、生まれた子は、夫婦ののぞみとはかけ離れた、水蛭子《ひるこ》だったのです。

これは「悪《あ》し」き子なので、「葦《あし》」の船に入れて流し捨てました。次の子も淡島《あわしま》で、自分たちの子とは認めませんでした。

困ったイザナキとイザナミは、高天原に戻り、天つ神のアドバイスを聞きました。そしてこんどは、神聖な柱をたがいに反対方向からまわり、出会ったところで、イザナキから先に声をかけました。

すると、淡路島をはじめとする立派な島が次々と生まれ、国生みに成功したのです（Ｐ38）。

柱をまわる結婚の儀式が影響

夫婦の契りを交わすにあたって、男女が別々の方向から柱をまわって声をかけあうというユニークな儀式ですが、古代にはこうした結婚の儀式があったと考えられています。

現在でも中国南部やインドに残っていますが、アジアで広く行われていたこの**結婚の儀式**が、弥生時代の日本にも伝わったと考えられます。

ここで1つのポイントとなっていることは、**女性が先に声をかけると失敗し、男性が先に声をかけると成功**したというものです。

男性が先に声をかけて、男性が結婚の主導権をにぎるべきだという教えになっています。これは男尊女卑の考え方ですが、中国の**儒教**の思想が反映されていると考えられます。

イザナキとイザナミの儀式

ああ、なんて素敵な男なの
ああ、なんて素敵な女だろう

イザナミ（女性）から声をかけたため、
最初の儀式は失敗 ⇒ 水蛭子と淡島が生まれる

では、『古事記』全体が儒教的な男尊女卑の思想に貫かれているのかというと、そうでもありません。『古事記』には、アマテラスをはじめとする力のある多くの女神が登場しますし、母や妻が重要な役割を担います。むしろ女性にスポットライトをあてた物語といえます。

なぜここに男尊女卑の考え方が入り込んだのかというと、もともとの神話の形に、中国由来の儒教の思想が加えられ、変形したと考えられます。

水蛭子と淡島という失敗した子が生まれた原因を示すために、当時の日本人にとっては新しい考え方だった儒教の思想を取り入れた、ということです。

ところで、この水蛭子と淡島は何なのでしょうか？　正式な子として認められなかった水蛭子と淡島は、**人間が住むには適していない土地**をあらわしていると見られます。

水蛭子は干潮時にしか姿をあらわせない浅瀬であり、淡島は植物も生えない岩礁だと考えられます。水蛭子は「ヒル」の名前から、骨のないぶよぶよした子がイメージされています。

海に流されたあとどうなったかというと、摂津国の西宮にもどり、恵比寿神《えびすがみ》となったという話が伝わります。いまの西宮神社（兵庫県西宮市）には、海から帰ってきた蛭児《えびす》大神がまつられています。

水蛭子が流れついて恵比寿神になったという話の背景には、**流れ着いたものは福をもたらす**と考え、**客人神**《まれびとかみ》としてまつった古来の習慣があると考えられます。

火の神を生んだイザナミは命を落とす

イザナキとイザナミは正しい国生みに成功し、8つの島と6つの小さな島からなる日本列島を形作りました。この国生みにつづいて、八百万の神々が生まれました（P44）。

ところが、火の神・火之迦具土神《ひのかぐつちのかみ》（以下カグツチ）が生まれたとき、**イザナミは陰部《ほと》に大火傷を負って死んでしまいました**。

イザナキは、「いとしい妻の命がたったひとりの子の命にかわってしまうとは」と、枕元に伏して大泣きします。その涙からは、泣沢女神《なきさわめのかみ》（以下ナキサワメ）が生まれました。

古代においては、泣くことは蘇生のための鎮魂儀礼の意味があったとされます。ですから、イザナキの涙から生まれたナキサワメは、蘇生の神であり、死者を生き返らせてくれる神と信じられました。

『万葉集』には、ナキサワメをまつる泣沢神社（いまの奈良県・畝尾都多本《うねおつたもと》神社）に蘇生をお祈りするが叶わず、そのことを恨んだ歌が収められています。

さて、イザナミは出雲国《いずものくに》と伯伎国《ほうきのくに》の境にある比婆之山《ひばのやま》に葬られました。イザナキは、妻を死にいたらしめた火の神・カグツチに対する憎悪をたぎらせ、ついに**持っていた十拳剣《とつかのつるぎ》でその首を斬ってしまいます**。

愛妻の命を奪ったとはいえ、我が子を斬りつけてしまったわけですから、イザナキの激しい怒りのほどが伝わる場面です。

ギリシャ神話に通じる人類と火の物語

ところで、火の神・カグツチがイザナミの命を奪うというストーリーは、偶然に書かれたものではありません。これは火の起源をあらわす神話と考えられます。

人類は火を手に入れました。火を使うことで調理をしたり、体を暖めたり、夜を明るく照らしたりするほか、土器や鉄器などの優れた道具を生み出し、文明を創り出しました。

しかし**同時に、火は危険な存在でもありました**。いったんコントロールを誤れば、大火災を引き起こしたり、大勢の人が命を落とすことがあります。

火は文明を生み出しますが、文明を破壊する存在でもあり、矛盾をはらんでいるのです。

ギリシャ神話には、プロメテウスが人間に火を与える神話があります。火を与えられた人間は、文明と技術をもって豊かになりますが、同時に武器を手にして戦争を行い、不幸が広まりました。

この神話から、人間がコントロールできない巨大なリスクを背負った科学技術を「プロメテウスの火」と呼ぶことがあります。

火は幸福をもたらすが、不幸ももたらす――。このことが、火の神を生んだイザナミの死

火を手に入れた人類の物語

火の神・カグツチを生んだ
イザナミが命を落とす

↓

怒ったイザナキがカグツチの
首を剣で刎ね、その血から
刀剣の神タケミカズチが生まれる

火を手に入れた人間は文明と技術を得ると同時に、新たな争いを生んでしまう

に象徴的に描かれているのです。

また、火を手に入れた人類が技術の粋を集めて武器を生み出すことは、『古事記』にも描かれています。

イザナキが火の神・カグツチの首を斬り落としたとき、剣先についた血などから全部で16柱の神が生まれましたが、そのなかに建御雷《たけみかずち》之《の》男神《おのかみ》（以下タケミカズチ）がいました。

タケミカズチは刀剣の神です。火のエネルギーがやがて武器を生み出すことがしっかりと記されているのです。

【古事記版「鶴の恩返し」で、イザナキはピンチ】

黄泉国訪問

No.3

見てはいけません

愛妻のイザナミを失ったイザナキはあきらめきれず、イザナミを求めて死者の国である黄泉国《よみのくに》を訪れることにしました。ということで、しばらくは国作りが中断します。国作りが再開するまでには、オオクニヌシの登場を待たなければなりません（Ｐ１４２）。

イザナキが苦労して黄泉国にいたると、イザナミが御殿の扉をあけて出迎えました。

イザナキは、「私たちの国作りはまだ終わっていない。戻ってきておくれ」と呼びかけました。

するとイザナミは、「残念です。もう少し早くきてくだされば。私は黄泉国の食べ物を口にしてしまい、ここの住人になってしまいました。でも、いとしいあなたがきてくれたのだから、黄泉国の神に相談してみましょう。**ただし、決して相談が終わるまで見てはいけません**」と忠告して、御殿の奥に消えました。

ところが、いくら待ってもイザナミは姿をあらわしません。待ちきれなくなったイザナキは、髪にさしていた櫛《くし》の歯を1本折って、火をともして御殿に入りました。

するとそこには、変わり果てたイザナミの姿がありました。腐った体に無数の蛆虫《うじむし》がゴロゴロと音をたてながら這い回り、その体からは恐ろしい顔の八柱の雷の神が生まれていました。

恐れをなしたイザナキは一目散に逃げます。しかし、それを見逃さなかったイザナミは、「よくも恥をかかせたわね」と叫び、黄泉国の醜女《しこめ》を遣わして追わせました。

見てはいけないと言われたのに見てしまうというこの話、どこかで聞いたことがありますね。日本の昔話「鶴の恩返し」です。

ただ、このパターンの物語は世界中にあります。『古事記』のなかでも同じパターンが繰り返されます。トヨタマビメが子を生んでいるあいだ、「見てはいけません」と言ったのに、ホオリ（ヤマサチ）が見てしまう話などがあります（P174）。

いつも決まっていることは、**見てはいけないと言うのは女で、見てしまうのは男**ということです。そして女の本性がばれると、男女は必ずわかれることになっています。

魔除けの桃で助かる

イザナミは、自分の体から生まれた八柱の雷神に加え、新たに1500人の軍勢を遣わして、イザナキを追わせました。イザナキは、持っていた十拳剣をぬいて、後ろ手に振り回しながら逃げます。

ようやく、地上につながる黄泉比良坂《よもつひらさか》にたどり着いたとき、坂の下になっていた**桃の実を3つ**とって投げつけました。すると、追っ手はみな坂を逃げ帰りました。

ここで魔除けのような働きをする桃ですが、中国の影響を感じさせます。中国の道教では、桃に魔除けや不老不死の効能があるとし、神聖な果物としていました。人々が夢見る桃の花咲く理想郷は「桃源郷」と呼ばれていました。

日本には8世紀初頭に桃の実がもたらされ、**桃を神聖な果物とする**考え方が広まったとさ

イザナキによる黄泉国訪問

愛する妻イザナミに会うためイザナキは黄泉国へ

しかし イザナミはおぞましい姿に変わり果て、
それを見たイザナキは黄泉国を逃げ出す

↓

逃亡劇の舞台は黄泉比良坂へ

坂の下になっていた桃の実を
追っ手の醜女に投げつける
※桃＝魔除け効果のある神聖なもの

れています。ですから、『古事記』に登場する桃には、当時最新の中国の思想が取り入れられたと考えられます。

死者の国が分離した

イザナキは最後、イザナミが追いかけてきたので、1000人でやっと動かせるほどの大岩をひきずって境界を塞ぎました。岩をはさんで二神は絶縁の言葉をかわします。

イザナミは、「こんなひどい仕打ちをなさるなら、私は1日に1000人を絞め殺しますよ」と言います。イザナキは、「あなたがそうするなら、私は1日に１５００の出産の小屋を建てよう」と答えました。ですから、地上では毎日、１０００人が死んで１５００人が生まれるようになった、ということです。差し引き５００人ずつ増える計算です。

この場面は、たんに夫婦の離縁を語っているだけでなく、**生と死の起源**を語っていると見られます。さらにもう１つ重要なのは、**この世とあの世の分離**が語られていることです。

もともと、この世とあの世はつながっていました。ですから、イザナキは死んだ妻を求めて黄泉国を訪れることができました。黄泉比良坂はまだ岩で塞がれていませんでした。坂を通って行き来することが可能だったのです。

ところが、イザナキが「見てはいけません」の約束を破ったことをきっかけに、夫婦は永遠にわかれることになり、それとともに、死者の国と生者の国をつなぐ境界が大きな岩で塞がれたのです。

こうして２つの世界は完全に分離することになったのです。

天地創成の流れでいうと、はじめに天上界があらわれ、地上が固められ、そして死者の国ができた、ということになります。

生者の世界と死者の世界が分かたれる

黄泉比良坂のふもとで決別したイザナミとイザナキ

この世とあの世の境目が大岩によって塞がれ
２つの世界が完全に分離する

日本古来の禊から三貴子が生まれる

黄泉国から逃げのびたイザナキは、筑《つく》紫《し》の日向《ひむか》の橘《たちばな》の小門《おど》の阿波岐原《あわきはら》というところで、川の中流に入って、**禊**《みそぎ》をしました。黄泉国でおった**穢**《けが》**れ**を清めるためです。

ここにある「禊」とは、古代日本で重んじられていたもので、神道の思想に通じます。

罪や穢れを負ったとき、水や塩で体を清めたり、悪い因縁をもつものを焼いたりしてお祓《はらい》**すること**です。神社に供え物や金品を寄付することや、神社に参拝するときにする賽銭も身を清める力がある

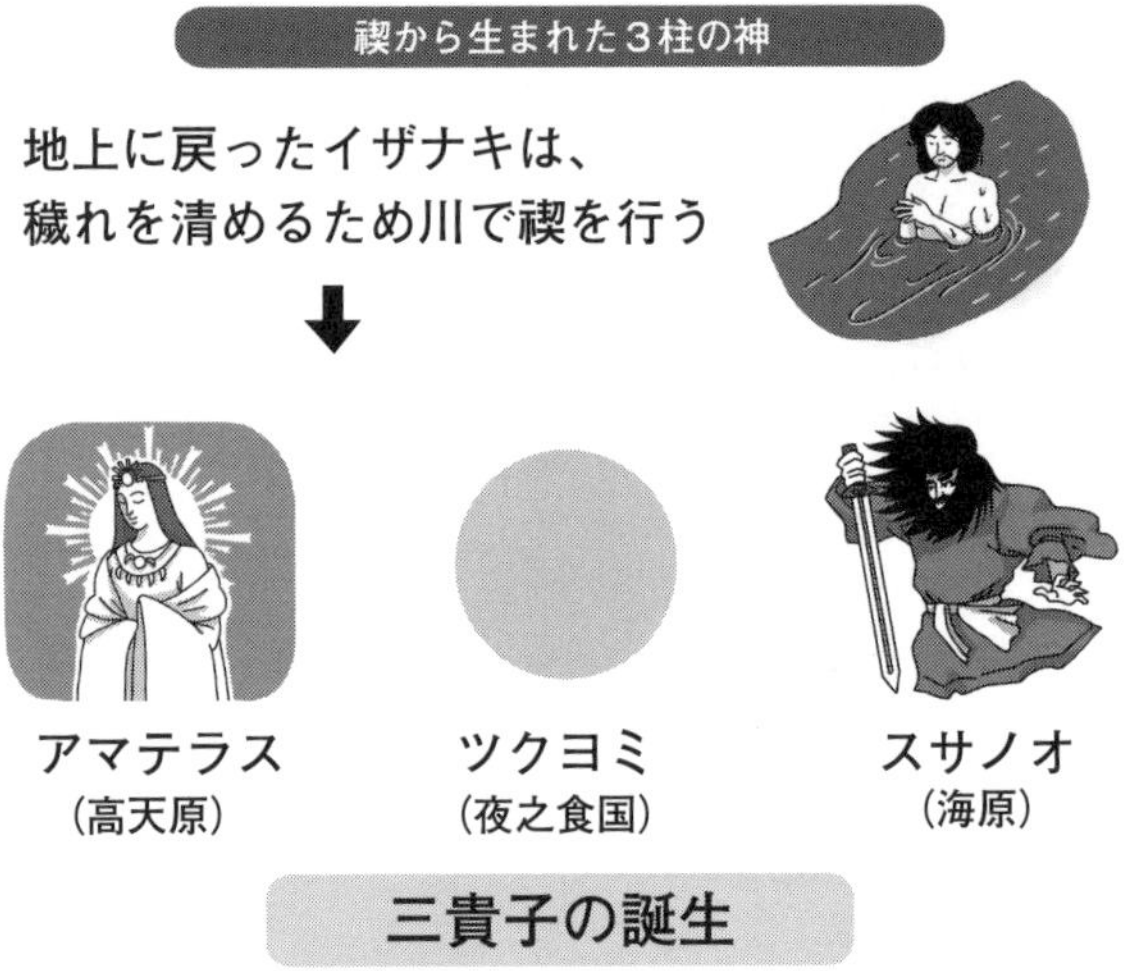

とされます。

3世紀の日本を伝える『魏志倭人伝』には、倭国では葬儀のあとに喪主と会葬者が海につかって体を清めるということが記されています。イザナキの禊は、こうした古来の習俗にならったものになっています。

禊のときに、多くの神々が生まれましたが、最後に生まれた三柱の神は**「三貴子《みはしらのうずのみこ》」**と呼ばれます。

左の目を洗ったときに天照大御神《あまてらすおおみかみ》（以下アマテラス）、右の目を洗ったときに月読命《つくよみのみこと》（以下ツクヨミ）、そして鼻を洗ったときに須佐之男命《すさのおのみこと》（以下スサノオ）が生まれました。

イザナキは、自分にかわって三貴子にこの世を治めさせることにしました。アマテラスは「高天原」、ツクヨミは「夜之食国《よるのおすくに》」、スサノオは「海原《うなばら》」です。

このなかでも特別な存在は、**太陽神・アマテラス**です。アマテラスにだけ玉の首飾りが与えられているうえ、神々の国の高天原の統治者となっているからです。

高天原の統治者は、葦原中国を治めることも意味します。ですから、アマテラスは日本の最高神とされています。伊勢神宮内には皇祖神としてまつられています。

スサノオはアマテラスと対比する形でその後の物語の主役となります。一方で、月の神・ツクヨミはこれ以降は登場しません。これは謎の1つとされていますが、そもそも日本の神話には、月や星の神話が少ないのです。

【高天原でスサノオとアマテラスが対立】

スサノオの誓約

No.4

スサノオでは海原を統治できない

三貴子のうち、アマテラスとツクヨミはそれぞれイザナキに任された場所の統治にあたりました。ところがスサノオは、担当の海原に行こうとせず、泣いています。ひげが胸元にとどくほど伸びても、まだ大泣きしています。

「どうして泣きわめいているのか？」とイザナキがたずねると、スサノオは、「亡き母の国の中にある根《ね》之《の》堅《かた》州《す》国《くに》に参りたい」と言いました。前述のように（P34）、スサノオの亡き母とはイザナミのことで、根之堅州国は黄泉国とほぼ同じものと考えられます。スサノオの言葉を聞いて怒ったイザナキは、彼を葦原中国から追放しました。

スサノオは、なぜこのようにイザナキの命に逆らったのでしょうか？「母のいる根之堅州国に行きたい」というのは表の理由にすぎません。物語からは見えてこない裏の理由があります。

太陽神のアマテラスが治めることになったのは太陽の照っている「高天原」、月の神のツクヨミが治めることになったのは夜の国である「夜之食国」です。ところが、スサノオは**海の神でも水の神でもないのに**、統治を命じられたのは「海原」でした。逆らうのは当たり前です。

では、スサノオは何の神なのかというと、諸説ありますが、後述するように、**「製鉄の神」**という説があります。スサノオが大泣きしたとき、原文では「大哭《な》き」と「哭き」の漢字が使われています。「哭き」には金属の音の「ナキ」の意味が込められており、こうしたことからも金属との関連を連想させます。

出雲の製鉄集団の侵攻か？

葦原中国を追放されたスサノオは、すぐに根之堅州国に向かわず、姉神にあたるアマテラスに事情を説明しようと、高天原を訪れることにしました。

ところが、スサノオが高天原に向かうと、山川がすべて鳴り響き、大地が揺れ動いたものだから、**アマテラスはスサノオが高天原を奪いにきたと警戒しました**。アマテラスは、男装して武器を身につけ、勇ましい姿で迎えました。

この場面は、古代日本において、地方の強力な侵略者が、中央の政権を攻めたことを象徴的にあらわしているという説があります。

8世紀初頭の『出雲国風土記《いずものくにふどき》』には、出雲の強力な神としてスサノオが登場しますが、この**スサノオに象徴される出雲の集団が中央を侵略したのではないか**、と見られています。

出雲においては、砂鉄を原料とした鉄の加工集団がいたとされています。一帯に点在する鉄の生産地域は、スサノオ伝承がある地域とほぼ重なることから、スサノオと製鉄との関連性がうかがえます。

「スサ」とは、「渚沙《すさ》」＝「海辺や河口に堆積する砂」を意味し、そこには砂鉄が多く含まれることから、「スサ」とは「砂鉄」のことと考えられます。

つまり、スサノオとは、砂鉄を原料とした「製鉄の神」であり、製鉄技術を備えた出雲の人々に崇められる存在だったと考えられます。

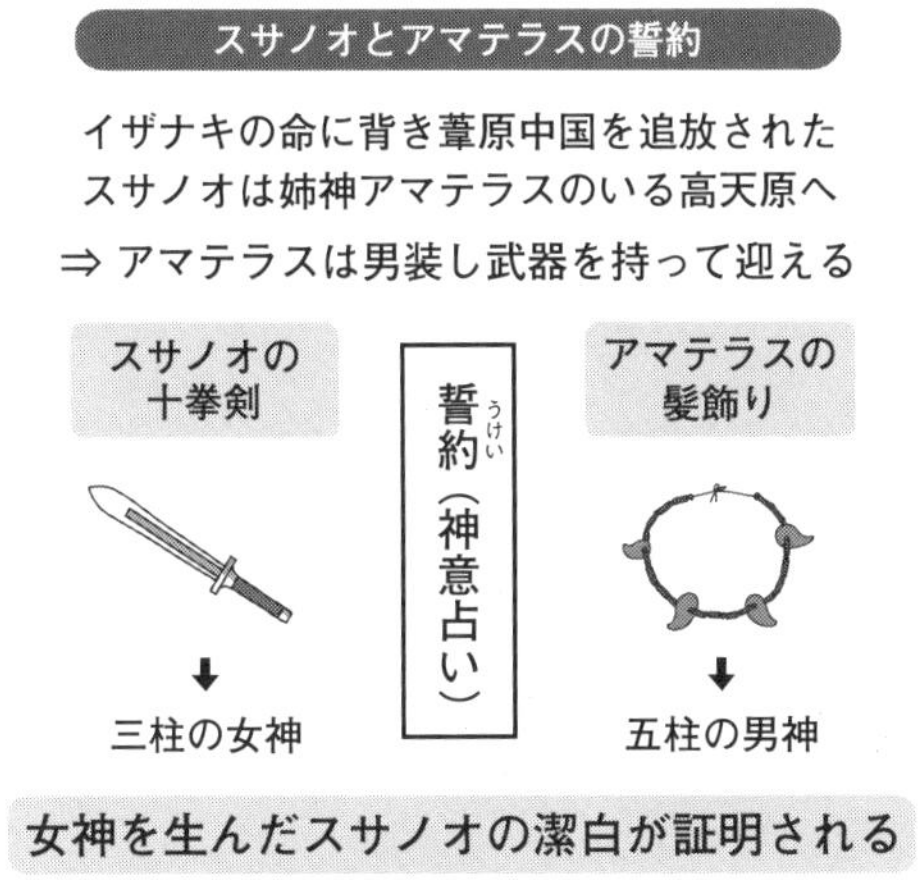
スサノオとアマテラスの誓約
イザナキの命に背き葦原中国を追放された
スサノオは姉神アマテラスのいる高天原へ
⇒ アマテラスは男装し武器を持って迎える
スサノオの十拳剣
誓約《うけい》（神意占い）
アマテラスの髪飾り
三柱の女神
五柱の男神
女神を生んだスサノオの潔白が証明される

そして、古代の歴史において、この製鉄技術をもつ地方・出雲の強力な集団が中央の政権へ侵攻し、それが『古事記』においては、スサノオとアマテラスの対立に象徴的に描かれていると推測されるのです。

スサノオが高天原に昇るとき、山川がすべて鳴り響き、大地が揺れ動いたというのは、大規模な軍隊が押し寄せてきたイメージです。それをアマテラスは最大限の警戒心で武装して迎え撃とうとした、ということです。

ウケイでスサノオが勝利

物語に戻りましょう。

アマテラスは、「お前が悪い心をもたない

ことを証明してみせよ」と問い詰めました。するとスサノオは、身の潔白を証明するため、「**誓約**《うけい》**（神意占い）**をして子を生みましょう」と申し出ます。

神意占いの「ウケイ」がはじまります。まず、スサノオの持ち物の十拳剣からは多紀理毘《たきりび》売命《めのみこと》など**三柱の女神**が生まれました。この女神は宗像《むなかた》大社（福岡県）にまつられている宗像三女神です。

次に、アマテラスの持ち物の髪飾りからは正勝吾勝勝速日天忍穂耳命《まさかつあかつかちはやひあめのおしほみみのみこと》（以下オシホミミ）や天之菩比神《あめのほひのかみ》（以下アメノホヒ）など**五柱の男神**が生まれました。アメノホヒの子の建比良《たけひら》鳥命《とりのみこと》は、出雲国造《いずものくにのみやつこ》などの地方豪族から祖神《おやがみ》とあがめられる神です。

アマテラスは、「私の持ち物から生まれた五柱の男神は私の子、お前の持ち物から生まれた三柱の女神はお前の子です」と言いました。

スサノオは、「私の心が清く正しいから、我が子は女の子が生まれたのです。ですから、私の勝ちです」と宣言しました。

オシホミミは誰から生まれるべきか？

ここでスサノオは勝手に勝ち名乗りをあげていますが、「女の子が生まれたから勝ち」というのは理屈が通りません。あらかじめ「女の子を生みます」と宣言していればわかりますが……。

じつは『日本書紀』では、これと異なる展開になっています。スサノオは、男の子が生まれたので勝っているのです。それというのも、あらかじめスサノオが「男の子を生みます」と宣言しているからです。

この場面、『古事記』編者はストーリーの作成において苦心したのではないでしょうか。もともとスサノオは高天原を奪うつもりがなく、邪心はないので、占いには勝たなければいけません。ところが、スサノオが勝つとしたら、「勝」の字のついた神・オシホミミはスサノオから生まれなければなりません。

じつは、このオシホミミはたいへん重要な神です。オシホミミは、天孫降臨のときの降臨神になるからです（P154）。実際にはオシホミミの子のホノニニギが降臨神となりますが、いずれにしても、天孫につらなる神なのです。

スサノオからオシホミミが生まれたとすると、天孫の始祖はスサノオになってしまいます。もともと地方の守護神であるスサノオが天孫の始祖になれば、これは大問題です。

そこで**『古事記』では、オシホミミをなんとしてもアマテラスの子としなければなりませんでした。**そこで、「勝」の字はあるとはいえ、オシホミミをアマテラスの子とすることを明確にしながら、勝ち名乗りをあげるのは、「勝」とは関係のないスサノオとしたのです。

細部には目をつむりながら、結論ありきで書かれた場面になっています。

スサノオ追放の口実

「ウケイ」のあとのスサノオの行動は驚くものでした。勝ちにまかせて、田の畔《あぜ》を壊したり、灌漑《かんがい》用の溝をうめたり、アマテラスの御殿に糞をまきちらしたり、まったくのやりたい放題でした。

アマテラスはこれをとがめることなく黙認します。アマテラスとスサノオの立場はすでに逆転しているのです。

スサノオが高天原に昇ったときは、アマテラスが一方的に疑いの目をむけて、スサノオはひたすら弁明におわれていました。ところが「ウケイ」でスサノオが勝つと、立場は逆転し、**スサノオが横暴にふるまっても、アマテラスは静観せざるをえなくなっている**のです。

「ウケイ」に勝ったスサノオの所業の数々

高天原で様々な悪事を
はたらくスサノオ

↓

アマテラスはスサノオの悪行をかばい、立場が逆転

土地が惜しく
有効的に使う
ために整地して
いるのです

スサノオは
ただ酔っ払って
いるだけなの
です

**不自然ともとれるスサノオの行為は
高天原から追放するための口実？**

高天原にはただ事情を説明するためにやってきただけなのに、横暴にふるまうスサノオの行動は矛盾したものにも思われますが、勝者のふるまいとしては当然だったとも解釈できます。ある意味、アマテラスの懐疑心がスサノオの横暴を引き起こしたともいえます。

また、『古事記』編者の立場から見れば、こうしたスサノオの行為は、**スサノオを高天原にとどまらせることなく、追放するための口実**としてどうしても必要だった、といえます。

【アマテラスが最高神になるための通過儀礼】

天石屋戸隠れ

No.5

高天原も葦原中国も闇につつまれる

スサノオの横暴はやむ気配がなく、どんどんエスカレートしていきます。ついには、アマテラスが神聖な機織小屋で神衣《かんみそ》を織らせているとき、斑馬《ふちこま》の皮をはいで投げ入れ、機織女《はたおりめ》を驚かせて死なせてしまいました。

ここにいたって我慢の限界に達したアマテラスは、**高天原の石屋《いわや》（洞窟）の戸をあけ、そのなかに閉じこもってしまいました。**高天原は暗くなり、葦原中国までもがすっかり闇につつまれてしまいました。

八百万の神々は高天原の河原に集まり対策を協議し、タカミムスヒの子の思金命《おもいかねのみこと》の出した策を実行にうつすことにしました。それは、石屋の前でアマテラスを外に連れ出すための盛大な祭りをもよおすというものでした。

舞い手の天宇受売命《あめのうずめのみこと》（以下アメノウズメ）が進み出て、石屋の前に桶をふせ、その上をふみならし、激しく踊りました。動きがあまりに激しかったので、アメノウズメの胸元ははだけ、衣装の紐がずり落ちて下半身は丸見えとなり、それを見た八百万の神々は、高天原がゆれるほどどっと笑いました。

その楽しそうな笑い声を聞いて、アマテラスは石屋の戸を少しあけて言いました。

「高天原も葦原中国もすべて闇であろうに、なぜアメノウズメは歌い踊り、神々がみな明るく笑っているのですか？」

するとアメノウズメはこう答えました。

「アマテラス様よりも貴い神がおいでになられたので、みなは喜び笑い、歌い踊っているのです」

天児屋命《あめのこやねのみこと》と布刀玉命《ふとだまのみこと》（以下フトダマ）がすっと鏡を差し出しました。アマテラスは、鏡に映る自分の姿をのぞこうと身を乗り出しました。

そのとき、**戸のわきに隠れていた天手力男神《あめのたぢからおのかみ》が、アマテラスの手をつかみ、石屋の外へ引き出しました。**フトダマがすぐにしめ縄をアマテラスのうしろにはり、「ここからなかへ戻ってはいけません」と言いました。こうして、高天原と葦原中国にふたたび太陽が昇り、もとの明るさを取り戻したのです。

南方の日蝕神話の影響か？

この有名な天石屋戸隠れの神話は、世界に広く分布する**日蝕神話**との関連が指摘されています。

例えば、カンボジアには、太陽神の弟ラウが太陽をつかまえると日蝕になるという話があり、ラオスには、2人の太陽神が弟のラウにつかまると日蝕が起きるという話があります。

このような南方の日蝕神話が、日本と交流のあった中国を介して古代日本に伝わったと考えられます。

古代の朝廷では、鎮魂祭が開かれていました。鎮魂祭とは、天皇の身体から遊離した魂を体内に鎮める儀式のことですが、太陽の輝きがもっとも弱まる冬至のころに行われたので、

弱まった太陽の力を再び取り戻す太陽復活儀礼という側面もありました。

そしてこの鎮魂祭には、猿女《さるめ》氏という豪族から巫女が出されていました（P19）。猿女氏は、石屋の前で踊りを披露したアメノウズメの子孫といわれています。

こうした朝廷の鎮魂祭と南方系の日蝕神話があわさり、天石屋戸隠れの神話ができたと考えられます。

世界の英雄譚に通じる

もっと深い読み解き方もあります。

世界の神話には、一種の**通過儀礼（イニシエーション）**として異郷に行って戻ってくる英雄譚があります。**英雄は生死の危機を乗り越えることで英雄になる**のです。天石屋戸隠れ神話も、その一例といえるかもしれません。

つまり、アマテラスがこもる石屋（洞窟）とは一種の異郷で、アマテラスは一度死んだことを意味します。洞窟にこもることで外が闇になるという異常事態が発生します。石屋の外で行われる祭祀は再生の儀式で、**アマテラスは洞窟という異郷から戻ってくることで再生を**

アマテラスの天石屋戸隠れに通じる世界の神話

世界の英雄に課せられる通過儀礼（イニシエーション）

⇒ 異郷に行って生死の危機を乗り越えること

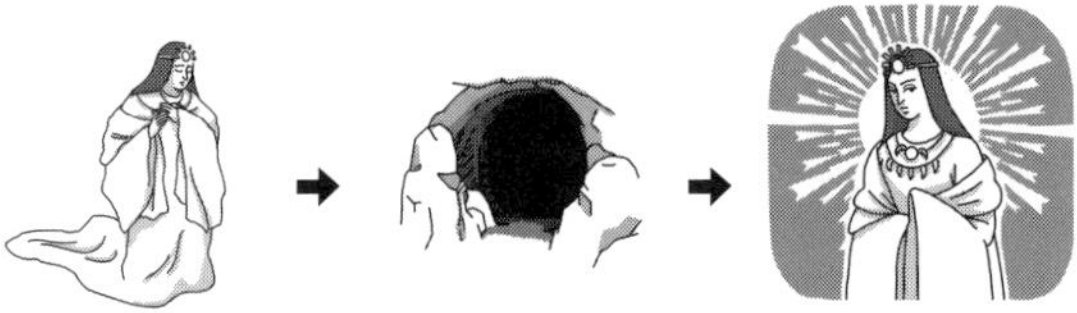

誓約に負けスサノオに振り回される → 石屋に隠れる＝死 → 最高神としての力を得る

天石屋戸隠れでアマテラスが最高神として生まれ変わる

果たすのです。

ではなぜ、アマテラスに通過儀礼が課せられたのでしょうか？

アマテラスは、イザナキの禊のときに地上で生まれ、高天原の統治をまかされました。しかし、石屋にこもる前のアマテラスは、最高神たるオーラはありません。「ウケイ」の場面以降は、スサノオに手も足も出せない状態でした。

ところが、異郷に行って戻ってくるという通過儀礼で、**死と再生を経験することで、最高神アマテラスとしてのオーラを手に入れた**のです。

これ以降のアマテラスには、何の危機も訪れません。高天原の確固たる統治者の地位についたのです。

それだけではありません。高天原の異常事態は葦原中国にまで及んでいたことから、高天原は葦原中国をも完全に支配していることを示しました。アマテラスは日本の最高神として君臨していることを証明したのです。

一方、一時はアマテラスをおびやかしたスサノオですが、八百万の神々の話し合いの結果、贖罪《しょくざい》の品々を山ほど出させ、ひげを切り、手足の爪を抜いて、**高天原から追放**されてしまいました。アマテラスは、スサノオとの全面対決を避け、手を汚すことなく追放することに成功したのです。

【刀剣の奉納で大和政権への服従の歴史を伝える】

ヤマタノオロチ退治

No.6

箸（ハシ）が2人をつなぐ

地上では泣きわめいて父・イザナキを怒らせ、高天原では乱暴を働いて姉・アマテラスを困らせたスサノオ――。高天原を追放され、出雲国に降り立つことになりますが、すると突然、英雄のような立派な人物になります。

この性格の一貫性のなさは、不思議といえば不思議ですが、スサノオの成長物語ととらえれば納得がいきます。やんちゃな少年だったスサノオは、立派な青年となったのです。そして、やがて老年期を迎え、根之堅州国に退くことになります。

スサノオが降り立った場所は、出雲国の肥河《ひのかわ》（現在の斐伊川《ひいかわ》）の上流、鳥髪《とりかみ》というところです。

スサノオが見ると、川上から箸《はし》が流れてきました。「川上にだれかいるにちがいない」と川をのぼっていくと、若い娘（櫛名田比売《くしなだひめ》、以下クシナダヒメ）をはさんで涙に暮れる老夫婦がいました。ちなみに、この老夫婦の親神にあたるのは、イザナキ・イザナミ夫婦から生まれた大山津見神《おおやまつみのかみ》とされています。

ここで「箸」というモチーフが使われているのは偶然ではありません。箸は「ハシ」であり、川の向こうとこちらをつなぐ「橋」でもあります。スサノオとクシナダヒメは、のちに結ばれますが、もとはといえば、この場面の「ハシ」が2人をつないでいるのです。

さて、老夫婦の話によると、夫婦には8人の娘がいましたが、高志《こし》地方から**八俣大蛇**《やまたのおろち》（以下**ヤマタノオロチ**）が毎年やってきて、娘が1人ずつ食べられてしまい、その日は最後の娘・クシナダヒメが食べられる日にあたるということでした。

ヤマタノオロチは、体が1つなのに8つの頭と8つの尾をもち、8つの谷と8つの尾根を渡るほどに大きいといいます。目は赤加賀智《あかかがち》（ホオズキ）のようで、体にはヒノキやスギが生え、腹には血がにじんでいます。

この異様な姿の怪物は、何なのでしょうか？　あとに考えてみましょう。

ペルセウス・アンドロメダ型神話

「娘を私にくれないか。私はアマテラスの弟で、いま天から降りてきたところだ」

スサノオがこう言うと、老夫婦は声をそろえて承諾しました。こうしてスサノオは、怪物退治にあたることになります。

スサノオは、**クシナダヒメを櫛の姿に変えて自分の髪にさします**。そして夫婦に、「濃厚な酒を醸造し、8つの入口のある垣根をつくり、入口ごとに棚を設け、それぞれの棚に酒を満たした壺を用意しておけ」と命じます。

果たして、ヤマタノオロチはあらわれ、すぐに8つの頭を酒壺に入れて飲みはじめ、泥酔して寝てしまいました。そこでスサノオは、十拳剣《とつかのつるぎ》で斬り刻んで殺すと、肥河の流れは血で真っ赤になります。

このヤマタノオロチ退治の物語は、世界各地に見られる「ペルセウス・アンドロメダ型神話」にあたるといわれています。

ギリシャ神話には、勇者ペルセウスが海の怪物を退治して美女アンドロメダと結婚する物語がありますが、このパターンと類似しているということです。

ただし、大きな違いが1つあります。スサノオが、**怪物退治の前に結婚していること**です。

ペルセウス・アンドロメダ型神話では、怪物退治のあとに結婚するのが定石です。同型の「一寸法師」も鬼退治のあとに結婚します。

なぜ、スサノオは怪物退治の前に結婚したのでしょうか？

水の神と稲の神

まず、ヤマタノオロチは何をあらわしているのかというと、諸説ありますが、ここでは**「水の神」**ととらえて考えてみましょう。

「オロチ」は、「オ（峰）・ロ（〜の）・チ（霊）」で、山の神です。山の神のいる山から河川が流れて、河川から水をひいて水田をつくります。ですから、水田を守る人々にとっては、山の神は「水の神」でもありました。ですから、山の神のヤマタノオロチは「水の神」でもあります。ここでの河川は「肥河」ですから、ヤマタノオロチは肥河を見立てたものと考えられます。

ちなみに、古代日本では、大きな蛇の姿をした山の神をまつる習俗があり、人の前にあらわれた小さな蛇は、山の神の家来だと考え、大切にされました。

一方、クシナダヒメは**「稲の神」**です。「クシ（奇）・イナダ（稲田）・ヒメ（姫）」で「稲の神」です。

おそらく出雲では、稲の神としての巫女が水の神をまつる祭祀が行われていて、それが『古事記』では、クシナダヒメとヤマタノオロチの関係に反映されていると考えられます。

つまり、スサノオがクシナダヒメを櫛にして身につけたのは、**クシナダヒメが巫女となってヤマタノオロチをまつることを象徴**しているのです。だからスサノオは、はじめにクシナダヒメと結婚する必要があったのです。

また、スサノオが老夫婦に命じたことは、祭祀の準備を意味していました。酒は祭神への供物であり、垣根をめぐらすことは、そこを祭壇に見立てることでした。

では、スサノオがヤマタノオロチを退治することは、何をあらわしているのでしょうか？

スサノオは、あとに出雲において子孫を繁栄させ、やがて国作りにあたるオオクニヌシの始祖となりました。スサノオをきっかけに、地上の新しい国作りがはじまっているのです。

つまり、スサノオは地上の新しい秩序の始祖にあたるわけですが、同時に、古い秩序を破壊して終わらせる役目もおっていました。**大和政権以前の古い秩序の破壊**、それがヤマタノオロチ退治にあらわれていると考えられるのです。

出雲には屈辱の物語

スサノオは、ヤマタノオロチの尾を斬ったとき、剣の刃がこぼれ落ちたので、不思議に思いその部分を裂いてみると、そこから見事な刀が出てきました。これが、のちに「三種の神器」の1つとなる**草《くさ》那《な》芸《ぎ》剣《のつるぎ》**です。スサノオはこの刀をアマテラスに献上しました。草那芸剣は、「天叢雲剣《あめのむらくものつるぎ》」とも呼ばれ、熱田神宮（名古屋市）のご神体だと考えられています。

さて、ヤマタノオロチから刀が出てくるという不思議なエピソードに注目すると、また1つ別の解釈が生まれてきます。

すでに、スサノオを、出雲の鉄の加工集団を象徴する「製鉄の神」と見る説を紹介しました（P107）。出雲の製鉄の技術者たちがまつるのがスサノオでした。

彼らはまた、ヤマタノオロチをまつったとも考えられます。ここでのヤマタノオロチは、やはり肥河を象徴しているのですが、それは「水の神」というよりは、**「鉄の神」**でした。当時、一帯は鉄の産出地域だったため、肥河が氾濫したときにおびただしい量の砂鉄が流れ出したと考えられます。その光景はまさに、ヤマタノオロチを斬り刻んで流れ出た血を思わせるものです。

そして、鉄の神のヤマタノオロチから切り出した立派な刀は、アマテラスに献上されます。これは出雲の強力な製鉄集団が、中央の大和政権を侵略したが屈服し、**服従の証として中央のアマテラスの神殿に刀剣を奉納した**という事実をあらわしているのではないかと考えられています。

つまり、ヤマタノオロチ伝説は、強力な地方勢力である出雲が、中央の大和朝廷に服従した事実を伝える意味があります。物語自体は、中央が意図的につくりあげたものでしょう。

ヤマタノオロチ伝説は出雲にとっては屈辱の物語でしかありません。ですから、『出雲国風土記』には、英雄スサノオのことは記されていますが、ヤマタノオロチ伝説については一言もふれられていないのです。

ヤマタノオロチ退治が意味すること

ストーリー
「クシナダヒメを妻に迎え、
老夫婦に酒壺の用意を命じ、
ヤマタノオロチを退治する」

⬇

クシナダヒメ	酒壺の用意	オロチ退治
‖	‖	‖
稲の神	**祭祀の準備**	**古い秩序の破壊**

⇒スサノオに表す統治者による新しい国づくり

(⇒出雲にとっては屈辱の歴史とも読み取れる)

【高度な医療知識でウサギ神を助ける】

因幡の白兎

No.7

八十神の従者として因幡の国へ

ヤマタノオロチを退治したスサノオは、出雲の須賀《すが》というところに御殿を構えました。そして、クシナダヒメとのあいだに八島士奴美神《やしまじぬみのかみ》を、神大市比売《かむおおいちひめ》（大山津見神《おおやまつみのかみ》の娘）とのあいだに大年神《おおとしのかみ》と宇迦之御魂神《うかのみたまのかみ》をもうけました。

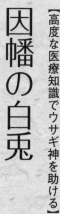

それから神々の系譜はつづき、スサノオから6代目に**大穴牟遅神《おおあなむぢのかみ》（以下オオアナムヂ、のちの大国主神《おおくにぬしのかみ》）**が誕生します。

オオアナムヂにはたくさんの兄（**八十神《やそがみ》**）がいました。彼らは美しいと評判の八上比売《やがみひめ》（以下ヤガミヒメ）に求婚するため、連れ立って因幡の国へ出かけました。末弟のオオアナムヂは荷物もちとして連れていかれました。一行は、気多岬《けたのみさき》にやってきます。

ここから「因幡の白兎」という物語がはじまります。この物語は大きく2つのパートからなっているので、順番に見てみましょう。

ちなみに、物語の舞台である気多岬はいまの白兎《はくと》海岸にあたり、近くには白兎をまつる白兎神社があります。

ウサギの智恵は悪智恵に

まずは、ウサギがワニをだますパートです。

八十神のあとについて気多岬にやってきたオオアナムヂは、苦しんだ様子のウサギに出会います。

ウサギの話によると、隠岐島からこちら側に渡るときワニをつかまえ、「ウサギ族とワニ族を比べて、どちらが多いか数えよう」と言って海にワニ族を並べさせます。そして、一列に並んだワニの背中をふんで数えながら渡りました。ところが、うっかり口をすべらせてワニをだましたことを言ってしまうと、最後にいたワニがウサギをつかまえて皮をぜんぶはいでしまいます。

ここまでの注意点としては、ワニは原文では「和邇」となっており、ワニのことではないということです。サメなどの巨大な水棲動物とイメージしておいたほうがいいでしょう。

また、一般に「白兎」とされるウサギは、じっさいには「白」ではなかったと考えられます。原文では「白兎」ではなく「素兎《しろうさぎ》」となっています。皮をはがされ肌がむきだしになった状態を「素」という漢字であらわしているのです。

さて、ここにある物語のパターンは、東南アジア近辺からニュージーランドに広く分布するものです。ウサギやサルなどの小さな動物がサメやライオンなどの巨大生物をだまして川や海を渡る物語です。通常、この物語では「智恵」が勝利します。**力のない小動物でも智恵によって勝利できる**という、一般庶民にはたまらない痛快ストーリーとなっています。

ところが、因幡の白兎では、智恵が勝利していません。最後にワニにバレて、ウサギは皮をはがされてしまいます。智恵は悪智恵で、身を滅ぼす原因になっています。

このようなオチになっている理由は簡単で、あくまで物語の主役は、日本の国作りをするオオアナムヂだからです。だから、ウサギは失敗を犯して、助けを求め、オオアナムヂに活躍の場を用意しなければならなかったのです。

ウサギは「まれびと」!?

次のパートでは、オオアナムヂが活躍します。

皮をはがされたウサギは、八十神から「海水をあびて、風に吹かれて寝ていろ」という助言を受けてその通りにしたところ、体はすっかり傷ついてしまいました。それで苦しんでいたのです。

するとオオアナムヂは、「すぐに河口に行って、真水でよく体を洗い、岸辺に生えるガマの穂をとって敷き散らし、そのうえで体を寝て転がせばよくなるだろう」と教えました。その通りにするとウサギの体は回復しました。ウサギはオオアナムヂに感謝し、「あなた様こそヤガミヒメと結婚できるでしょう」と予言しました。

ここでオオアナムヂは、素晴らしい医療知識を披露します。ガマの穂は止血作用があるからです。一方の八十神は、意地悪で言ったように思えますが、単に医療知識が十分でなかったと考えることもできます。塩で消毒して傷を治すこと自体は、普通の治療法としてはありシロウサギは「まれびと」？

日本各地に伝わる、「まれびと神」信仰

まれびと…人間の前にあらわれる神様。
困っているまれびと神を助けると
大きなご利益があるといわれる

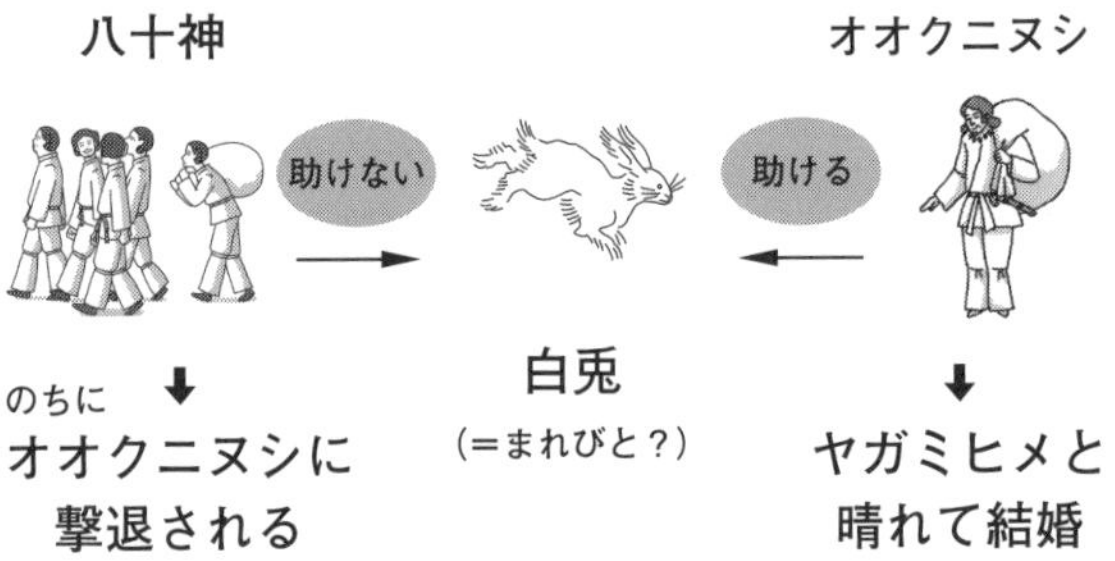

えるからです。処方する場面が違っていただけです。

古代では医療は魔術的な偉大な力とされていましたから、**兄たちよりも優れた知識を持つ末弟のオオアナムチが、もっとも偉大であることがここで証明されている**のです。

また、「因幡の白兎」は、日本各地に分布する「まれびとの来臨」の民話に通じる構造をもっています。**「まれびと」**とは、人間の前にあらわれる神様で、怪我をしていたり、空腹だったり、何らかのトラブルをかかえていますが、**この神様を助けてあげた者は、大きなご利益を得ます**。舌切り雀などの民話

にも登場します。

ここでのウサギは、ウサギ神です。このウサギ神も一種の「まれびと」ではないでしょうか。オオアナムヂは「まれびと」のウサギ神を助けたことで、兄たちをおさえて結婚することができるのです。「まれびと」の話では、「まれびと」を助ける主役をどうしても応援したくなるので、これこそが『古事記』編者の狙いだったと考えられます。読者はオオアナムヂを応援したくなります。

また、「じつはウサギ神はヤガミヒメに仕える神で、八十神の本性を探るために遣わされた」という説もあります。その結果、オオアナムヂが選ばれました。ウサギ神の予言が適中し、ヤガミヒメと結婚するのは当然なのです。

【通過儀礼を経て、地上の王オオクニヌシへ】

スサノオの試練

No.8

オオアナムヂへの通過儀礼

ヤガミヒメは、ウサギの予言通り、オオアナムヂを結婚相手に選びました。これに怒ったのは八十神です。八十神は、**オオアナムヂをさまざまな手段で殺害しようとします**。

オオアナムヂはやがて地上の王になる存在ですが、王になるためには、通過儀礼（イニシエーション）として、大きな試練を乗り越えなければなりません。これが、世界中の神話に共通するルールです。アマテラスも、異郷（石屋）に行って戻ってくるという通過儀礼をへて、最高神としての力を得ていました（Ｐ１１７）。

オオアナムヂも同じく、通過儀礼が課せられます。はじめは従者を務める「子供」にすぎなかった彼は、八十神の凶行によって死と再生を繰り返し、異郷（根之堅州国）訪問を経て、立派な「大人」へと成長していきます。

八十神の凶行

八十神が与える試練はひどいものでした。

オオアナムヂを手間山《てまのやま》（鳥取県西伯郡南部町）の麓に誘い込み、猪に似せた大きな焼け石を落として焼き殺しました。ところが、オオアナムヂの母神が神産巣日神《かむむすひのかみ》に懇願したことで、貝の女神が遣わされ、オオアナムヂは生き返りました。

ここは原文では、オオアナムヂが再生して「麗はしき壮夫《おとこ》」になる、と書かれています。「おとこ（袁等古《おとこ》）」は、古代では「大人」のことを指しています。「おのこ＝男子」とは違います。

つまり、**オオアナムヂが「子供」から「大人」になって、成人した**ことがはっきり記されています。通過儀礼を背景に、オオアナムヂが成長していることがわかります。

再生したオオアナムヂですが、八十神はこんどは大木のあいだにはさみ、圧死させました。するとまた母神があらわれ、泣きながらオオアナムヂを探し出し、生き返らせました。そして、木国《きのくに》（紀伊国）の大屋毘古神《おおやびこのかみ》（以下オオヤビコ）のところへ逃がしました。

それでも八十神は執拗に木国まで追ってきたので、オオアナムヂはオオヤビコのすすめで、スサノオのいる根之堅州国に逃げることにしました。

スセリビメとの結婚でアマテラスの甥に

オオアナムヂが根之堅州国に行くと、スサノオの娘・須勢理毘売《すせりびめ》（以下スセリビメ）が出迎えました。２人は一目惚れをしてすぐに結婚します。物事をなす前に妻を娶《めと》るというのは、ヤマタノオロチ退治のスサノオと同じパターンです（Ｐ１２３）。これからはじまる試練を乗り越えるには、妻の力が必要であることを予感させます。

スサノオは、オオアナムヂを一目見ただけで、葦原中国の国作りをする人物としては申し分ないと見抜き、**その上で試練を課します**。

そもそも、娘の婿に試練を課すというのはおかしな話ですが、神話にはよくあるパターン

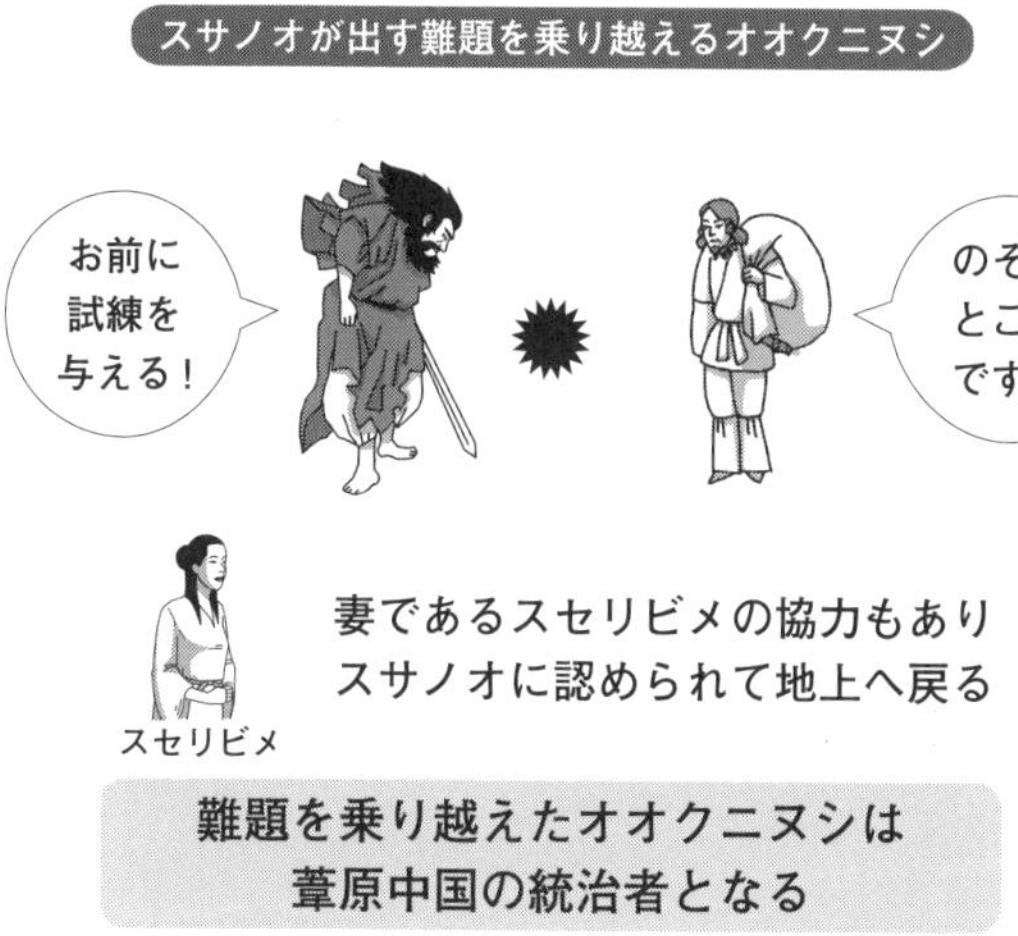
のぞむところです！

難題を乗り越えたオオクニヌシは
葦原中国の統治者となる

です。**「難題婿型」**といわれ、多くは、婿の候補者に難題を課して見定め、結婚を許すという筋書きになります。

一方、『古事記』全体のストーリーとして見ると、この結婚は重要です。

スセリビメの父・スサノオの姉はアマテラスですから、**オオアナムヂはアマテラスの甥になった**ということです。やがてオオアナムヂは葦原中国の国作りをしますが、その国を身内のアマテラスに譲ることは自然なことでした。つまり、葦原中国は高天原に「奪われる」のではなく、「譲る」という形になったのです。

スサノオが出す難題を乗り越えるオオクニヌシ
お前に試練を与える！

妻であるスセリビメの協力もあり
スサノオに認められて地上へ戻る

オオアナムヂはもともとスサノオ、アマテラスの血を受け継いではいますが、スサノオの娘との結婚によって、「国譲り」が起きる必然性がはっきりしています。

妻とネズミの助け

スサノオの家に迎え入れられたオオアナムヂは、蛇のいる部屋に寝かされました。しかし、**スセリビメから授かった呪力をもつ布**のおかげで、蛇を大人しくさせ、静かに眠ることができました。次の夜は、ムカデとハチが巣食う部屋に入れられましたが、また、スセリビメの布のおかげで助かりました。

するとスサノオは、鏑矢《かぶらや》を広い野原に放ち、それを取ってくるように命じました。オオアナムヂは野原に入りますが、火が放たれ、炎の壁でおおわれてしまいました。こんどばかりはスセリビメも助けられません。「もはやこれまで」とスセリビメは葬式の道具をもって泣いていました。

ところが、炎のなかにあらわれたネズミが、「内側は空洞で、出入口は狭いんだよ」と言います。オオアナムヂがその場所をふむと、穴に落ち、炎をしのぐことができました。ネズミは鏑矢を取ってきてくれ、オオアナムヂはそれをスサノオに奉じることができました。

感心したスサノオは、オオアナムヂを家に連れ帰り、自分の頭に巣食うシラミを取らせました。頭にはムカデがうようよ這い回っていて、とても危険です。

するとオオアナムヂは、**スセリビメから授けられた椋《むく》の木の実**をかみくだき、赤土といっしょに吐き出しました。それを見たスサノオは、ムカデをかんで吐き出しているんだと思って、寝てしまいました。

オオアナムヂはここぞとばかりに、スサノオの髪を部屋の垂木にしばりつけ、500人でやっと動かせる大きな石で部屋の入口をふさぎました。そして、スセリビメを背負い、スサノオの刀と弓矢、琴を奪って逃げました。

それまで妻やネズミに助けられていたオオアナムヂですが、**ここにきて自ら機転を利かせて俊敏な動きを見せています**。数々の試練を乗り越え、急激な成長をとげていることがわかります。

スサノオの哀愁

オオアナムヂが逃げるとき、琴が木にふれて、大地が揺れ動かんばかりの大きな音が鳴り響きました。これで目を覚ましたスサノオは、必死においかけますが、黄泉比良坂までできて断念します。「黄泉比良坂」は、あのイザナキが黄泉国訪問で通った黄泉比良坂です。同じ地名が出てくることから、やはり黄泉国と根之堅州国は同じものと考えられます。

この黄泉比良坂で、スサノオは、はるか彼方まで逃げたオオアナムヂに次のように呼びかけます。

「奪った刀と弓で八十神を退治せよ。おまえは大国主神《おおくにぬしのかみ》（以下オオクニヌシ）となり、わが娘スセリビメを正妻としろ。そして、宇迦能山《うかのやま》の麓に立派な宮殿を建てて住まいとしろ」

オオアナムヂは、これらの命令を実行できたのでしょうか？

八十神退治はすぐに実行されました。刀と弓で八十神を追い払い、国作りをはじめました。ここでも暴力や殺害は国つ神の仕事になるわけです（P35）。天つ神は決して自ら手を汚すことはしません。

オオアナムヂは「オオクニヌシ」と呼ばれるようになり、スセリビメを正妻とします。

オオクニヌシは以前の約束通り、ヤガミヒメとも結婚しましたが、ヤガミヒメはスセリビメを恐れるあまり、自分の産んだ子を木のわきにおいて因幡国に帰ってしまいました。スセリビメは大変嫉妬深かったのです。

それでもオオクニヌシは、高志国《こしのくに》（北陸）の沼河比売《ぬなかわひめ》を娶るなど、全部で六柱の妻を娶りました。また、宮殿を建てますが、これは国譲りのあとのことで、いわば隠居先でした。

こうしてオオアナムヂ（オオクニヌシ）は、スサノオの意志を継いで立派な統治者となります。

ところでこの場面、スサノオの強さを知る読者としては、凋落著しいスサノオの惨めさを感じるところではないでしょうか。

かつては怪物を倒した英雄が、いまや武器も娘も奪われ、根之堅州国に1人取り残された老人となっているのです。

とくに芥川龍之介が描いた『老いたる素戔嗚尊《スサノオ》』のスサノオは印象的です。

部屋で目を覚まし、「だまされた」と思ったスサノオは、オオアナムヂを追い、視界の彼方に若い2人の影をとらえます。弓矢をつがえて放とうとしますが、ついに放たれることはなく、怒りの表情は微笑へと変わりました。

そしてこのセリフです。

「おれよりももっと仕合せになれ！」

次の世を潔く若者に託す、英雄スサノオの哀愁が感じられる場面となっています。

【国作りが進むと、高天原から使者が送られる】

オオクニヌシの国作り

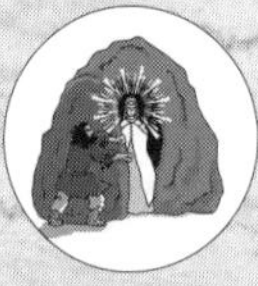

No.9

スクナビコナの活躍は1行のみ

オオクニヌシの国作りがはじまります。ここでの「国作り」とは日本の国土を作ることではなく、**人々が安心して暮らせる国土を作ること**です。農地を開拓して農業技術を伝え、安定した食物の生産をさせ、病気の治療法を広めたりします。

オオクニヌシの国作りには、少名毘古那神《すくなびこなのかみ》（以下スクナビコナ）が協力しました。

スクナビコナは、オオクニヌシが出雲の御大岬《みおのみさき》にいたとき、海の彼方からガガイモの船にのって、鵝《かり》の皮を着てやってきました。海から舟でやってくるスクナビコナは、御伽話の一

オオクニヌシの元にあらわれる神々

オオクニヌシの国作り
＝人々が安全に暮らせる国の基礎作り

スクナビコナが協力者としてあらわれるが、はじめは
その正体がわからず、タニグクやクエビコの手を借りる

スクナビコナは役割を終えたと判断すると
海の向こうにある常世国へ去っていった

寸法師のモデルとなっています。

スクナビコナは、黙って微笑むだけで名前もわかりません。案山子の神・久延毘古《くえびこ》の子が、「神産巣日神《かむむすひのかみ》（以下カムムスヒ）の子のスクナビコナですよ」と指摘したので、オオクニヌシが高天原のカムムスヒに尋ねてみると、「たしかに我が子です。子の中でも小さすぎて私の指のあいだからこぼれたが、とても優秀な子だから**おまえと兄弟となり国作りを固めなさい**」と答えました。

そこで二神は、互いに助け合って国作りをすることになりました。ところが、スクナビコナはやがて海の彼方の常世国《とこよのくに》（P42）に去ってしまいました。

原文の描写では、二神の国作りはわずか

1行ほどであっさりと終わっています。なぜこれほど、簡単な描写で終わっているのでしょうか？

第1章（P36）でもふれたように、オオクニヌシとスクナビコナの二神は、民間神話に伝わる神で、**ペアで活動する国土創成の神**でした。『出雲国風土記』や『播磨国風土記』には、スクナビコナがオオクニヌシとともに稲種を広めてまわったことが記されています。

しかし、『古事記』の主役はあくまでも天つ神ですから、**二神の活躍シーンはばっさりと省略された**と考えられます。スクナビコナが造化三神《ぞうかのさんしん》のカムムスヒから送られた形にしているのも、天つ神がオオクニヌシの国作りをサポートしたように見せるためだったと考えられます。

物語に戻ると、海の彼方からまた国作りに協力する神があらわれました。大物主神《おおものぬしのかみ》（以下オオモノヌシ）です。オオモノヌシは、オオクニヌシによって御諸山《みもろやま》（奈良の三輪山）にまつられました。

オオモノヌシは、もともと朝廷のある畿内大和の神でしたが、オオクニヌシとの関係で登場させることで、国作りをした神としての性格が与えられています。

懐柔される使者たち

さて、高天原のアマテラスは、いよいよ葦原中国の平定にのりだすため、オオクニヌシのもとに次々と使者を送り込みました。

はじめは、アマテラスの子の正勝吾勝勝速日天忍穂耳命《まさかつあかつかちはやひあめのおしほみみのみこと》（以下オシホミミ）です。オシホミミは、スサノオとのウケイで生まれた子です（P110）。オシホミミは、天の浮橋《あめのうきはし》から下界をのぞき、「とても騒がしい」と報告しました。

この「騒がしい」は、原文では「さやぎて」です。これは正確には**「統治者が不在で国がうまく治まっていない」**ということです。

この言葉の意味は重要です。一般には、「オオクニヌシは葦原中国を平定した」と解釈されていますが、実際は「うまく平定できていなかった」と表現しているのです。つまりこれは、「国つ神が地上を統治することなどできるはずはなく、天つ神によってはじめてこの国は統治できた」ということを伝える狙いがあったと考えられます。

次に、天之菩比神《あめのほひのかみ》（以下アメノホヒ）が遣わされますが、彼はオオクニヌシに懐柔され、3年たっても報告ひとつよこしませんでした。

オオクニヌシの元に送り込まれる刺客たち

高天原の最高神アマテラスは、オオクニヌシの葦原中国を平定すべく、使者を送り込む

オシホミミ
葦原中国はいたく騒《さや》ぎてありなり
（地上は国つ神ではうまく平定できていないようだ）

アメノホヒ、アメノワカヒコ、キジのナキメが送り込まれるが、誰も役割を果たせなかった

さらに、天若日子《あめのわかひこ》（以下アメノワカヒコ）が遣わされますが、彼はオオクニヌシの娘・下照比売《したでるひめ》と結婚し、8年たっても戻りませんでした。

そこで、キジの鳴女《なきめ》（以下ナキメ）が遣わされますが、アメノワカヒコは天つ神からもらった弓矢でナキメを射殺してしまいます。貫通して飛んできた矢をひろったタカミムスヒは、「邪心があるならこの矢で罰を受けよ」と**矢を投げ返し、突き刺さったアメノワカヒコは絶命します。**

『日本書紀』では、この場面、「返し矢は畏《おそ》るべし、ということの所以である」と解説しています。天つ神に歯向かう者はどうなるのか、教訓的に描かれています。

『古事記』のなかでも、朝廷内の内紛を除くと、天つ神が唯一、殺害にかかわっている場面ですが、「もし邪心があるなら」とすることで、あくまでも相手側に非があるかのように記しています。

【強力な地方政権も、ついには中央政権の配下に】

オオクニヌシの国譲り

No.10

武力の神の全面衝突

天つ神から派遣された使者は、つぎつぎにオオクニヌシに懐柔されてしまいました。いったいオオクニヌシは、どのように使者たちを手なずけていたのでしょうか？

一説には、アメノホヒやアメノワカヒコは**オオクニヌシの後継者としての地位を狙っていた**とされています。オオクニヌシはその下心を見抜いて、王座をちらつかせながら二柱を懐柔したと考えられます。アメノワカヒコに娘を嫁がせたのも、そうした策略の1つと見ることができます。

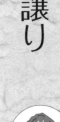

激突！タケミカズチvsタケミナカタ

一向に屈しないオオクニヌシの元に、高天原から最後の使者が送り込まれた

タケミカズチ

イザナキがカグツチを斬り殺した際に飛び散った血から生まれた雷神、刀剣の神、武力の神とされる

しかし、自らの意思を伝えようとしないオオクニヌシ

↓

子のタケミナカタがタケミカズチに勝負を挑む

史実として見ると、大和政権（天つ神）による出雲（オオクニヌシ）の統治は、3年、8年どころか、**数世代にもわたる非常に困難な事業**だったと想像されます。それほど、出雲は強力な地方政権だったのでしょう。

最終的に決着をつけた使者は、建御雷《たけみかずち》之《の》男神《おおかみ》（以下タケミカズチ）でした。

タケミカズチは、出雲の伊那佐《いなさ》の小浜（島根県出雲市大社町の稲佐浜）で、オオクニヌシに地上の国を譲るように迫りました。

「葦原中国は、アマテラスの御子が治めるべき国であるが、あなたの考えはどうなのか？」

するとオオクニヌシは、子に判断をあおぎました。子の1人、八重事代主神《やえことしろぬしのかみ》は、あっさり国譲りに同意しました。しかし、もう1人の子、建御名方神《たけみなかたのかみ》（以下タケミナカタ）は、タケミカズチに力競《ちからくら》べを挑みました。

タケミカズチとタケミナカタは、ともに「建」の字がついている武力の神です。高天原と葦原中国の武力の神による全面衝突がここで起きるわけです。

中央に抵抗する諏訪の豪族

結果は、タケミカズチの勝利でした。

タケミナカタは簡単にひょいと投げ飛ばされて、逃げ去りました。タケミカズチはあとを追いかけ、科野国《しなののくに》（長野県）の州羽海《すわのうみ》（諏訪湖）で追いつめたところ、タケミナカタが全面降伏を申し出て勝負は決しました。

タケミナカタが諏訪湖まで逃げたことには、理由があります。

タケミナカタは、諏訪地方に伝わる農耕と狩猟に関する神で、諏訪大社の祭神でした。6～7世紀頃、朝廷は皇祖神アマテラスを頂点としたシステムに地方の神々を組み入れようとしましたが、**諏訪の豪族は、鎌倉時代になるまで中央の統制を受け入れませんでした**。アマテラス信仰を拒んで、独自の信仰を守りつづけたのです。そんな抵抗する諏訪の人々が、タケミナカタに象徴されているのです。

ちなみに、諏訪の側には、タケミナカタの父をオオクニヌシとする言い伝えはありません。このあたりは『古事記』編者によって勝手に作られたものと考えられます。

一方、剣の神であるタケミカズチは、茨城県鹿嶋市の鹿島神宮の祭神です。その近くには、経津主神《ふつぬしのかみ》（以下フツヌシ）が祭神の香取神宮（千葉県香取市）があります。**この水郷地区を治めていた豪族は、6世紀に、朝廷の祭祀を担当する中臣氏と結びついたため、タケミカズチとフツヌシは天つ神の系統に加えられました**。中臣鎌足は藤原氏になりますが、藤原氏の氏神が奈良の春日大社です。その春日大社の四柱の祭神には、タケミカズチとフツヌシが入っています。

フツヌシは、『日本書紀』ではカグツチの子孫とされていますが、同書の異伝では、タケミカズチとともに国譲りの使者となっています。

さて、物語に戻ると、オオクニヌシは「壮大な神殿を建造して自分をまつってくれるのなら」と、服属を誓いました。こうして、宇迦能山《うかのやま》の麓に宮殿を造ってもらい、隠居しま

ついに地方政権が中央政権に屈する

タケミカズチに手ひどくやられたタケミナカタは州羽海《すわのうみ》（諏訪湖）に逃げ込んで降伏

↓

諏訪大社の祭神に

その後のオオクニヌシは…

壮大な御殿をつくって、そこに自分をまつってくれるなら国を譲ります

服属を誓い、強大だった地方政権は中央政権に屈することになった

す。建造された宮殿が、今の出雲大社です。当時は、高さが約96メートルに及ぶ、超高層建築だったといいます（P252）。

タケミカズチは、高天原に戻って、葦原中国を服従させ平定したことを報告し、国譲りが決まりました。

「因幡の白兎」「スサノオの試練」「国作り・国譲り」にいたるオオクニヌシの成長ストーリーはここに完結しますが、**出雲を舞台とした一連のストーリーは『日本書紀』にはありません。『古事記』のオリジナルストーリー**です。

国つ神オオクニヌシの英雄譚をここまで詳述しているのは不思議ではありますが、おそらく、そんな強力な地方政権も結局は大和政権に屈服しなければならなかった、つまり、それほど大和政権の力が強大であったことを示す狙いがあったものと考えられます。

【天石屋戸隠れから連なる『古事記』のハイライト】

天孫降臨

No.11

降臨神は「子」から「孫」へ交替

国譲りが決まったことで、アマテラスとタカミムスヒは、正勝《まさかつ》吾《あ》勝勝速《かつかちはや》日《ひ》天忍穂耳命《あめのおしほみみのみこと》（以下オシホミミ）に地上に赴任するように命令しました。オシホミミは、スサノオのウケイのときに生まれた、アマテラスの子です（P110）。

ところが、オシホミミはほかの神を推薦しました。そうこうしているあいだに、オシホミミとタカミムスヒの娘・万幡豊秋津師比売命《よろずはたとよあきつしひめのみこと》とのあいだに、**天邇岐志国邇岐志天津日高日子**《あめにきしくにきしあまつひこひこ》**番能邇邇芸命**《ほのににぎのみこと》**（以下ホノニニギ）**が生まれました。

降臨神の交替と史実との関係

オシホミミ、ホノニニギの２柱と古事記編纂当時の支配者を比較すると…

アマテラス →女神	親	持統天皇 →女帝
オシホミミ →降臨神を別の神に譲る	子	草壁皇子 →皇位につくことなく逝去
ホノニニギ →オシホミミの代わりに降臨	孫	文武天皇 →草壁皇子の代わりに即位 (間に持統天皇を挟む)

そこでアマテラスとタカミムスヒは、ホノニニギを地上に赴任させることにしました。

こうして、非常に重要な役割を担う降臨神が決定したのです。ところで、この交替劇は何を意味しているのでしょうか？

オシホミミの「ホ」は稲穂の「穂」で、稲穂の霊を称えています。一方のホノニニギも稲穂がにぎにぎしく実ることをあらわしています。

つまり、どちらも稲穂の神で、意味的には変わりません。しかも、アマテラスから見て、「子」と「孫」ですから、大きな変化はありません。

一説には、この交替は史実と対応しているといわれています。

7世紀末、天武天皇の次に即位するはずだった草壁《くさかべ》皇子が早世したため、皇后が持統天皇として即位しました。そののち、草壁皇子の遺児が文武天皇として即位しました。

女帝の持統天皇をアマテラスとすると、子の草壁皇子がオシホミミ、孫の文武天皇がホノニニギという対応が見られます。信憑性は不明ですが、1つの説としては興味深いです。

天つ神二神をブレンド

もう1つの見方はより重要です。

ホノニニギは、アマテラスの孫にあたるだけではなく、タカミムスヒの孫でもあります。オシホミミはアマテラスのみの血を受け継いでいるのに対し、**ホノニニギは、アマテラスとタカミムスヒの両神の血がブレンドされている**という大きな違いがあります。前述のように、アマテラスの息子とタカミムスヒの娘とのあいだに生まれたのが、ホノニニギでした。

『古事記』のこの場面をよく読むと、降臨を指示する神は、アマテラスとタカミムスヒの二神になっています。一方、『日本書紀』には、アマテラスが指示する話が2つ、タカミムスヒが指示する話が3つあり、両神が指示する話は収められていません。**天孫降臨神話は、もともとアマテラス系とタカミムスヒ系の別々の伝承があった**と考えられています。『日本書紀』にはもとの伝承がそのまま収められました。

ところが『古事記』では、アマテラス系とタカミムスヒ系の両系統の伝承が独自にブレンドされているのです。

そのため、両神の要素をブレンドしたホノニニギが、降臨の役割を託されたと考えられるのです。

唐突に出現するサルタビコ

ホノニニギが地上に降りようとすると、その途中の天之八衢《あめのやちまた》というところに、何者かが立ちはだかりました。高天原から葦原中国まで照らすほどの美しい神です。

そこで天宇受売命《あめのうずめのみこと》（以下アメノウズメ）が遣わされ、その神に尋ねてみると、「私は国つ神で、名は猿田毘古神《さるたびこのかみ》（以下サルタビコ）といいます。天つ神が天降りされると聞いたので、先導として仕えようと参上しました」と答えました。ここで唐突にあらわれたサルタビコと

天孫降臨

三種の神器と家来神をしたがえて降臨するホノニニギ

地上へ降りるホノニニギの一行を国つ神・サルタビコが出迎える

は何者なのか、あとに考えてみましょう（P164）。

ホノニニギは、**天孫の証となる宝物（三種の神器）**とともに、多くの家来神をしたがえ、いくえにもたなびく雲をおしわけ天《あめ》の浮橋《うきはし》まで行きました。そこからは一足飛びに筑紫日向《つくしのひむか》の**高千穂《たかちほ》**の久士布流多気《くじふるたけ》という山に降り立ちました。

そして、「この地は韓国《からくに》（朝鮮半島）と向かい合い、笠沙岬《かささのみさき》（薩摩半島西端の野間岬）ともまっすぐに道がつながり、朝日がまっすぐ昇る国、夕日が照り輝く国で、とても素晴らしい土地だ」と言い、壮大な宮殿を築いて住まいとしました。

以上が『古事記』の最大のハイライトともいえる天孫降臨の神話です。天孫がどうやって地上に降り立ったのか、この場面を描くためにここまでの物語があったといっても過言ではありません。

【永遠の存在である神々が寿命を持つようになる】

ホノニニギの結婚

No.12

アマテラスが降臨!?

天孫降臨神話でまず気づくことは、「天石屋戸隠れ」神話とのつながりです（Ｐ１１４）。

ホノニニギには、全部で10の神々が家来としてお供しますが、そのうち八神は、天《あめの》児屋命《こやねのみこと》や布刀玉命《ふとだまのみこと》、アメノウズメなど、天石屋戸の祭りに出てきた神々でした。残りの二神は、のちの神武天皇の大和征服（Ｐ１７６）のときにつきしたがう神です。また、降臨に先立ちアマテラスからホノニニギには勾珠《まがたま》・鏡・草那芸剣《くさなぎのつるぎ》という「三種の神器」が与えられますが、そのうち勾珠と鏡は、アマテラスを石屋から誘い出すのに使われたものでした。

天石屋戸隠れにつながる天孫降臨

降臨にあたって持ってきたもの

家来の神々	道具
・アメノコヤネノミコト	・勾珠
・フトダマノミコト	・鏡
・アメノウズメ　など10神	・草那芸大刀

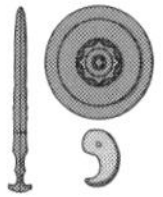

天石屋戸隠れ神話と同じ演出を持ち込むことでアマテラスが降臨したかのように見せている

　このように、**天石屋戸隠れに登場した神々と道具が再び登場している**のです。このつながりの深さは何を意味しているのでしょうか？

　それは、アマテラスが降臨しているかのような演出です。アマテラスは太陽神で最高神です。本来ならアマテラスが地上に降りて統治することが理想的ですが、アマテラスは高天原から離れることはできません。そこで、アマテラスの再生をあらわした天石屋戸隠れ神話と同じ演出を持ち込むことで、アマテラスが地上に降臨しているかのような姿を擬似的に作り出しているのです。

　アマテラスはお供の神々に、「この鏡

を私の魂として心を込めてまつりなさい」と言っています。鏡は、アマテラスが再生するときの姿を映したものです。鏡にアマテラスの残像が残っていると考えれば、鏡はアマテラスそのものといえるのです。

また、別の見方をすると、天石屋戸隠れと天孫降臨の神話にこれほど深いつながりがあるのは、**もともとが1つの話だったからではないか**と考えられます。

主役のアマテラスが天石屋戸から再生すると、すぐに降臨神に指示して、お供を連れて降臨させた――。ストーリーの流れとしては自然です。しかし、どうしても出雲系の国譲りの話を入れる必要があったため、あとから挿入され、アマテラスの話が２つのパートにわかれた、ということです。

なぜ日向だったのか？

天孫降臨神話で必ず問題になるのが、天孫が降臨した場所についてです。そもそも、なぜ「筑紫日向の高千穂」でなければならなかったのか？

国譲りが行われたのは「出雲」でしたから、そのまま出雲に降り立つのが自然です。しかし、前述のように国譲り神話があとから挿入されたと考えれば、出雲とする必要はなくなります。

天孫降臨神話が、天石屋戸隠れ神話からつづく主役アマテラスの話とすれば、「筑紫日向」とするのは自然です。**アマテラスが誕生したのが筑紫日向だったから**です（P104）。

ですから、生誕の地に降臨させたと考えれば納得がいきます。

では、「筑紫日向の高千穂」とは、実際、どこを指しているのでしょうか？

「筑紫」は、福岡県をあらわす場合と、九州全体をあらわす場合があります。「日向」は、「日向国《ひむかいのくに》」となっていれば宮崎県を指しますが、ここは単に「日向」なので、日当たりのよいめでたい場所を指していると考えられます。

そして「高千穂」には、2つの説があります。1つは、宮崎県の北部の高千穂町です。もう1つは、宮崎県の南部の霧島山という連峰のうち、2番目に高い高千穂峰です。

しかし、いずれも「韓国《からくに》（朝鮮半島）と向かい合い、笠沙岬《かささのみさき》（薩摩半島西端の野間岬）とまっすぐに道がつながり」という記述とは一致しません。高千穂とは現実の地名ではなく、あくまで神話上の地名なのかもしれません。「高千穂」は「高く積み上げた稲穂」の意味とも解釈できるのです。

溺れ死んだ土着神サルタビコ

物語に戻ります。サルタビコが故郷の伊勢に戻ることになり、ホノニニギはアメノウズメに対し、送り役を命じるとともに、サルタビコの神名を用いるように命じました。実質、**サルタビコとアメノウズメは結婚**したことになります。ここから、アメノウズメの子孫は「猿《さる》女《め》氏」を名乗るようになったのです（P117）。

ところがその後、サルタビコは阿邪訶《あざか》という地で漁をしているときに溺死してしまいました。

こうして見ると、サルタビコは伊勢から高天原にきて天孫の先導をし、また伊勢に戻り、最後は溺れ死ぬという運命です。これは何をあらわしているのでしょうか？

それは、伊勢神宮の起源と関係があります。もともと**サルタビコは、伊勢の土着神**でした。伊勢地方は古くから太陽信仰の盛んなところで、**サルタビコは太陽神という側面もありました**。「上は高天原、下は葦原中国を照らす」という表現には、サルタビコの太陽神の側面が反映されています。しかし、地方の神がそのまま国家の神になることは許されません。

太陽信仰のある伊勢地方は朝廷に奪い取られ、そのまま国家の太陽信仰の聖地となった

突然あらわれ消えていった土着神・サルタビコ

役目を終えて故郷の伊勢に戻ったサルタビコは貝にかまれて溺れ死んでしまう

サルタビコ＝太陽神（最高神アマテラスと同じ）

⇒ 最高神と同質の土着神は朝廷にとって邪魔な存在だったため、『古事記』からは退場

場所です。地方神のサルタビコは邪魔な存在ですから、『古事記』のなかでは溺死させられた、と考えられます。しかし、土着神を抹消するわけにもいかず、伊勢神宮の入口にはいまでもサルタビコをまつる神社が据えられているのです。

天孫が寿命を持つ神話

地上に降りたホノニニギは、笠沙岬《かささのみさき》で美しい木花之佐久夜毘売《このはなのさくやびめ》（以下サクヤビメ）を見初め、その父・大山津見神《おおやまつみのかみ》（以下オオヤマツミ）に使いを送り、娘をくれるようにお願いしました。すると、オオヤマツミはとても喜んで、姉の石長《いわなが》

サクヤビメとイワナガヒメ
姉妹で
ホノニニギに
嫁ぐ
サクヤビメ
イワナガヒメ
しかしホノニニギは…
サクヤビメだけでよい
不変を司るイワナガヒメを送り返したことで
天孫は寿命を持つようになった

比売《ひめ》（以下イワナガヒメ）もいっしょに嫁入りさせようと、多くの品物を持たせて差し出してきました。

　ところが、姉のイワナガヒメはたいへん醜かったので、ホノニニギは姉を送り返し、妹のサクヤビメとだけ一夜の交わりをしました。

　すると、オオヤマツミは、使者を送って申し伝えてきました。

「イワナガヒメを献上したのは、天つ神の御子の寿命が岩のようにずっと堅固で不変になるようにです。サクヤビメがいれば木の花が咲き栄えるように繁栄なさるでしょうが、サクヤビメだけを妻になさるのなら、**そのお命は木の花が散るようにはかないも**

のになるでしょう」

つまり、この姉妹の片方だけを妻にする話は、**天皇の寿命の起源**となっているのです。それまで神々は寿命をもたない永遠の存在でした。しかし、ホノニニギが永遠の寿命を保証する姉のイワナガヒメを拒否したがために、それ以降の天孫は、寿命をもつ存在になったのです。ホノニニギの代から寿命をもつようになった天孫は、しだいに人間のような存在になっていきます。

人間の寿命を伝える神話は南方に広く分布します。例えば、「神が授けた石を食べれば不死の体になったのに、人間はバナナを選んで食べたために、バナナのようにはかない命になってしまった」という、**バナナ型神話**などがあります。こうした南方の神話が日本に伝わったと考えられます。

「石」と「バナナ」の対比が、「石」と「花」を対比した姉妹の神話になったのです。

【隼人が朝廷に服属した起源を語る】
ウミサチとヤマサチ

No.13

必ず弟が勝つ

ホノニニギの妻になったサクヤビメは、懐妊します。

しかしホノニニギは、たった一夜の交わりによって懐妊したことを不信に感じ、自分の子ではなく、そのへんの国つ神の子ではないかと思いました。すると、サクヤビメはホノニニギの子だと証明するため、火中出産にのぞみます。

「もし国つ神の子であるなら、無事にはすまないでしょう」と言ったサクヤビメは、産屋に火をつけて出産。無事に生まれたのが、火照命《ほでりのみこと》、火須勢理命《ほすせりのみこと》、火遠理命《ほおりのみこと》でした。

ヤマサチとウミサチの兄弟葛藤譚

サクヤビメが火の中で生んだ三柱のうち二柱が対立

兄・ウミサチ
（＝ホデリ）

弟・ヤマサチ
（＝ホオリ）

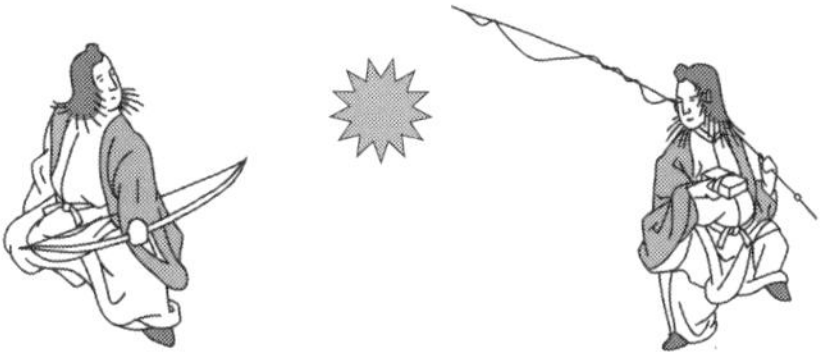

「兄弟葛藤譚」
…兄弟が対立すると必ず弟が勝つ

生まれた三神のうち、火照命＝海佐知毘古《うみさちひこ》（以下ウミサチ）と火遠理命＝山佐知毘古《やまさちひこ》（以下ヤマサチ）の兄弟が対立します。

いわゆる、**「兄弟葛藤譚」**といわれる神話のパターンです。兄弟葛藤譚では、たいていは弟が勝ちます。

兄神の八十神と末弟のオオアナムヂの対立でも、弟のオオアナムヂが勝っていました。ウミサチとヤマサチの兄弟の対立でも、最後は弟のヤマサチが勝ちます。そして、ヤマサチの子孫が天皇につながっていきます。

海の宮殿で結婚

山の幸で暮らす弟のヤマサチと、海の幸で

暮らす兄のウミサチの抗争は、あるとき、たがいの道具を交換したことがきっかけで起きました。

ヤマサチがウミサチの釣針をなくしてしまい、自分の剣からつくった釣針を500本、さらに1000本をもって詫びを入れたのですが、ウミサチに許してもらえなかったのです。

ヤマサチが海辺で泣き悲しんでいると、塩椎神《しおつちのかみ》（潮流の神）があらわれ、「私がこの船を押し流せば、よい流れに乗って進むでしょう」と言いました。そして、海神・綿津見神《わたつみのかみ》（以下ワタツミ）の宮殿に行けば問題は解決すると予言しました。

ヤマサチは言われた通り海のなかの宮殿に行きました。そこにあらわれた**ワタツミは、高貴な天孫の御子であるヤマサチを丁重にもてなし、娘・豊玉毘売《とよたまびめ》（以下トヨタマビメ）と結婚させせました**。

こうしてヤマサチは海の宮殿に3年とどまったのです。

この話では、ヤマサチは宮殿にいたるとすぐに、トヨタマビメと結婚しました。事をなす前に結婚するというのは、『古事記』ではお馴染みのパターンですね。ヤマタノオロチ退治のスサノオ、根之堅州国を訪問するオオアナムヂがそうでした。とくに、オオアナムヂの話とヤマサチの話はよく似ています。

ただ、オオアナムヂには義父・スサノオの試練が待っていましたが、ヤマサチは父・ワタツミから歓待されました。これは、国つ神のオオアナムヂと、天つ神のヤマサチの違いによるものです。

ウミサチの子孫は隼人

3年がたち、ふと自分がここにいる理由を思い出したヤマサチは、これまでのいきさつをワタツミに打ち明けました。するとワタツミは、大小の魚たちに命じて、赤鯛の喉に刺さった釣針を見つけさせました。

ヤマサチはこれに喜び、釣針をもって地上に戻ることになりました。このときワタツミからは、ウミサチの田んぼがダメになり貧しくなる呪文と、ウミサチが恨んで攻めてきたときのための**塩盈珠**《しおみつたま》と**塩乾珠**《しおひるたま》が授けられました。

ヤマサチは、たくさんのワニのなかでも一番速い一尋和邇《ひとひろわに》に乗って、わずか1日で元の海岸に戻りました。そして、教えられた通りの呪文を唱えながら釣針をウミサチに渡しました。するとと、ウミサチは数年で貧しくなり、ヤマサチを恨んで攻めてきたので、ヤマサチは塩盈珠を出して溺れさせ、さらに、助けを求めてきたところで塩乾珠を出して救いました。

するとウミサチは、「これからは、昼も夜もあなた様の守護人として仕えましょう」と、赦《ゆる》しを求めてきました。

このウミサチの子孫が**隼人**《はやと》であり、彼らは朝廷の儀式で溺れて苦しむさまをあらわす舞いを演じたり、衛兵として、朝廷に仕えているということです。

隼人側の祖先神話だった

この物語は**異郷訪問型**になっています。弟は、異郷を訪れることで呪文や呪物といった超自然的なものを手に入れ、兄をやっつけます。

兄の田んぼをダメにしたり、溺れさせたりします。水を操っていることから、ヤマサチが異郷訪問によって得たものは、水（海）の霊力といえるでしょう。

兄弟ではありますが、ウミサチは隼人の祖先であり、ヤマサチは天孫です。天孫は隼人を服属させますので、兄弟争いは弟が勝つのです。

ちなみに隼人とは、大和政権から見た九州南部の人々に対する呼称です。隼人にもいくつかの部族がありましたが、7世紀末以降、ほぼすべての部族が大和政権に服属することになったといわれます。

隼人は、宮廷の守護にあたることになりました。朝廷の大嘗祭《だいじょうさい》のときには、服属の誓いとして、「隼人舞」を演じさせられたといいます。ですから、ウミサチの屈服の話には、隼人の服属の歴史が反映されているのです。

御伽話の浦島太郎にも通じるこの話は、もともと隼人の側にあって、祖先神話として伝えられていたと考えられます。

ウミサチとヤマサチという兄弟がいて、弟のヤマサチが異郷に訪問して非日常的な体験をし、戻ってきたら数百年がたっていた、という時間を失うストーリーがあったのです。天孫とは違う隼人の物語ですから、ここに登場するウミサチとヤマサチは、お供を連れていません。1人で釣りや狩りをしていて、とても天孫とは思えない生活ぶりです。これは、隼人という庶民の伝承がベースになっているから当然なのです。

そして元来は、兄弟争いの要素はなかったはずですが、朝廷側がこの伝承を吸収したとき、隼人が天孫に屈服する由来を記すため、兄弟争いの要素が加えられたと考えられます。

ちなみに、御伽話・浦島太郎ができるのは、奈良時代のことで、丹波国の国司などをしていた伊予部馬養《いよべのうまかい》がはじめて文字化したと見られています。まだこのときは玉手箱のアイデアはありませんでした。

禁止を破り、神話は終わる

ヤマサチがこの世界を統治するようになって間もなく、妻のトヨタマビメが訪ねてきて、地上で出産することとなりました。トヨタマビメは、**「お願いですから、私の姿をのぞかないでください」**と言って、産屋に入りました。

ところが、好奇心をおさえられなくなったヤマサチは、のぞき見てしまいます。するとそこには、巨大なワニの姿をしたトヨタマビメがのたうちまわっていました。

恐れをなしてヤマサチは逃げ出します。見られたことで恥ずかしくなったトヨタマビメは、生んだ子を置いて、海原へ帰ってしまいました。そして、海と地上をつなぐ境界を塞いでしまいました。

この物語は、禁止を破ったことで離別を決定づける**禁室型**になっています。イザナキの黄泉国訪問にも禁室型がありました（P98）。結果、イザナキとイザナミは、生者と死者にわ

ウミサチ・ヤマサチ神話に見られる神話の種類

「禁室型神話」

「見てはいけない」というタブーを破ってしまったために別れを切り出されたり恐ろしい目に遭うという神話。日本の昔話では、「鶴の恩返し」や「浦島太郎」がこの型にあてはまる。

『古事記』における禁室型神話の役割

イザナキとイザナミ ⇒ 生者／死者
ヤマサチとトヨタマビメ ⇒ 人／人でないもの

現実離れした神話との分離という役割をはたす

かれましたが、ヤマサチとトヨタマビメは、**人間と人間でないもの**（ワニ）にわかれました。

このことはまた、『古事記』上巻で語られてきた人間と異類が同居するような現実離れした「神話」の世界そのものが終わることをも意味しているのです。

【最大の敵はトミビコではなくニギハヤヒ】

イワレビコの東征

No.14

貫かれる末子相続のルール

トヨタマビメから生まれた天津日高日子波限建鵜葺草葺不合命《あまつひこひこなぎさたけうがやふきあえずのみこと》は、トヨタマビメの妹・玉依毘売《たまよりびめ》に育てられ、やがて玉依毘売を妻としました。

2人のあいだには4人の子供が生まれました。そのうち、長男の**五瀬命《いつせのみこと》**（以下イツセ）と四男の若御毛沼命《わかみけぬのみこと》は、日向の高千穂宮で育ちました。四男の若御毛沼命が、**のちの神倭伊《かむやまとい》波礼毘古命《われびこのみこと》（以下イワレビコ）で、初代・神武天皇**です。

4人兄弟の末子が相続するというのは『古事記』のルールですね。オオクニヌシやヤマサ

神武東征

ホノニニギの曾孫として
四柱の子が生まれる

四男・イワレビコ
＝ のちの神武天皇

イワレビコは兄のイツセと
共に日向から大和へ ⇒ 神武東征

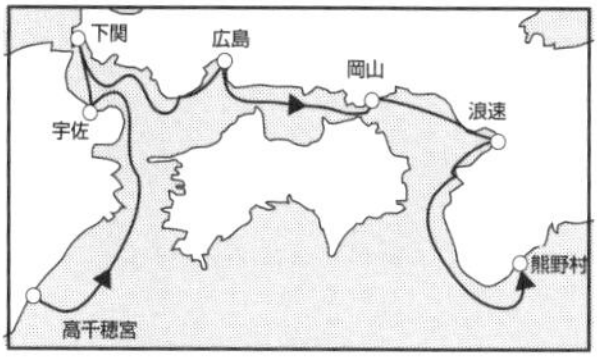

東征伝説は創作の可能性が高いが、吉備国（岡山）からやって来た人々が大和朝廷を築いた歴史を反映しているのではないかという説もある。

チもそうだったように、**必ず弟が勝って相続していく**のです（P168）。

イワレビコが兄のイツセに相談すると、「安らかに天下を治めるため東へ行ってみよう」ということになりました。日向を発ち豊国《ぶんご》の宇沙《うさ》（宇佐）をへて、筑紫の岡田宮《おかだのみや》で1年、阿岐国《あきのくに》の多祁理宮《たけりのみや》で7年、吉備の高島宮《たかしまのみや》で8年を過ごしました。

それから海上を東に進み、速吸門《はやすいのと》、浪速《なにわ》の湾をへて、河内《かわち》の白肩津《しらかたのつ》に停泊しました。そこで、土地の支配者である登《と》美《み》の那賀須泥毘古《ながすねびこ》（登美毘古《とみびこ》、以下トミビコ）の軍勢と激しい戦いとなり、イツセは矢を受けて負傷します。イツセは、「私は太陽の神の御子でありながら太陽に向かって戦ったため、痛手を負ってしまった。これからは太陽を背負って戦おう」と言います。

そこで一行は、紀伊半島を南下し、太陽を背にして、南から攻め込むことにしました。ところが、紀国《きのくに》の男之水門《おのみなと》というところで、ついにイツセは雄叫びをあげて絶命してしまいます。

大和を統治していたニギハヤヒ

ここでは、**「イワレビコの東征（神武東征）」**と呼ばれる伝説が展開します。東征伝説は、6世紀初頭にまとめられたとされており、天皇の権威を高めるため「天皇の祖先はどこか遠い土地からやってきた」という物語が創作されたのです。

さて、イワレビコの一行は熊野から各地の豪族を攻略しながら大和に向かいます。その途上、アマテラスとタカミムスヒから布都御魂《ふつのみたま》（神剣）を授けられ、導き手として八咫烏《やたのからす》を遣わされました。

険しい山中を踏み越え、宇陀《うだ》というところまで進んだイワレビコは、兄宇迦斯《えうかし》、土雲《つちぐも》・八十建《やそたける》などの抵抗勢力を倒し、ついに、兄の敵《かたき》であるトミビコとの戦いにのぞみました。

イワレビコの軍勢は歌によって士気を高めました。そのとき、邇芸速日命《にぎはやひのみこと》（以下ニギハヤヒ）があらわれ、「天の御子を追って天降りしてきました」と、天つ神の子である証拠の品を献上します。

ニギハヤヒとは、アマテラスの孫で、高千穂に天降りしたホノニニギの兄にあたります（P154）。つまり、**日向とは別に、大和にはニギハヤヒという天つ神系の勢力がすでに入っていた**のです。ニギハヤヒは、実力者のトミビコの妹を娶り、大和を統治していました。

ニギハヤヒは穏便に事をすませるため、イワレビコに統治権を移譲しようとしました。しかし、トミビコが抵抗をつづけようとしたため、結局、ニギハヤヒはトミビコを討ち取りました。

こうしてイワレビコの畿内平定は成し遂げられます。イワレビコは、畝火《うねび》の白檮原宮《かしはらのみや》で初代・神武天皇として即位しました。

ニギハヤヒは物部氏

イワレビコの最大の敵・トミビコとの戦いの場面は、『古事記』ではあっさりと記されて

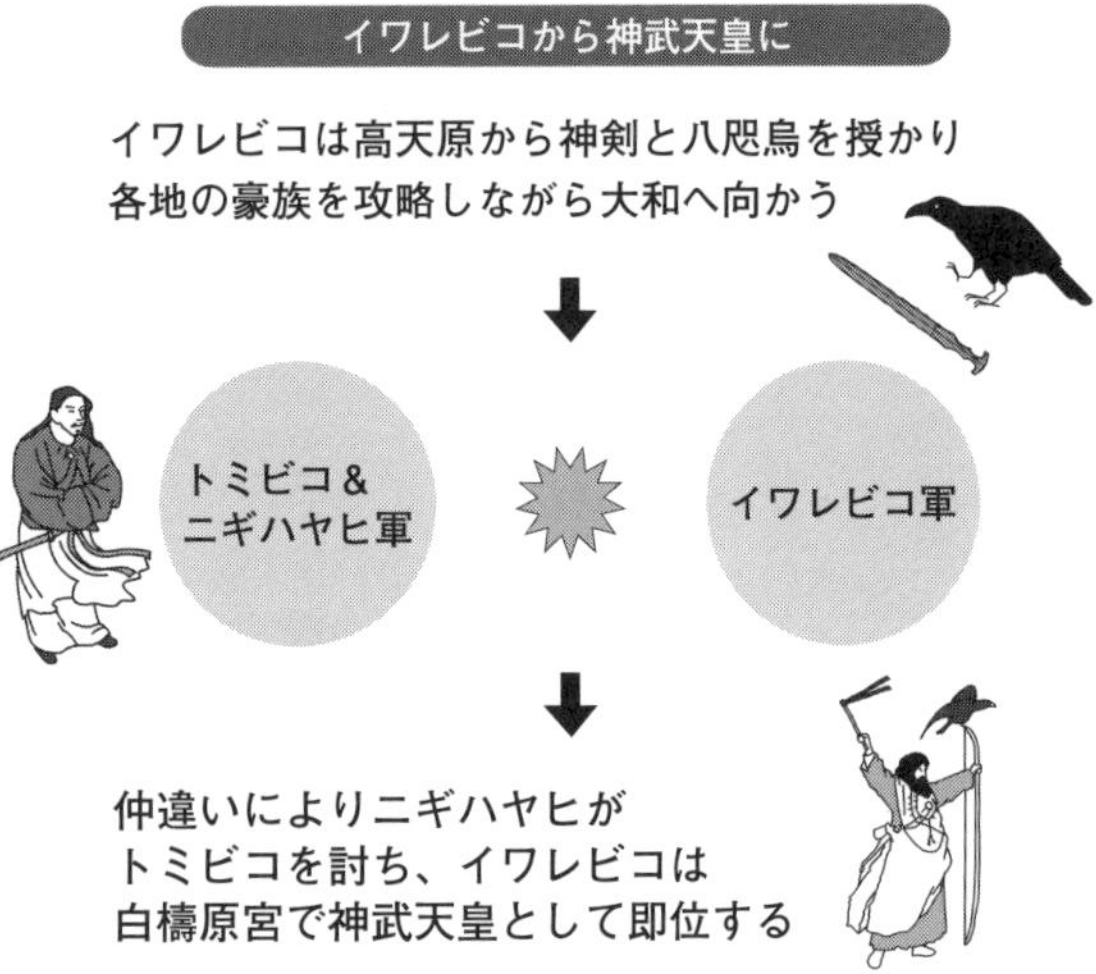

イワレビコから神武天皇に
イワレビコは高天原から神剣と八咫烏を授かり

いますが、『日本書紀』では次のように書かれています。

ナガスネビコ（トミビコ）は天つ神であるニギハヤヒに仕えており、天の御子が2人いるはずがないとしてイワレビコに詰め寄ります。そこでニギハヤヒが出てきてナガスネビコを殺害し、イワレビコに従ったということです。

ここからどんな史実が見えてくるでしょうか？　ニギハヤヒは物部氏《もののべうじ》の祖神とされています。おそらく、大和朝廷誕生の際の最大の敵は、トミビコ（ナガスネビコ）ではなく、**ニギハヤヒに象徴される物部氏**だったと考えられます。大和朝廷の祖先が畿内に攻め入ったとき、物

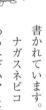

部氏とそれに協力する勢力が迎え撃ち、いったんは撃退しましたが、迂回して再び攻めてきたときに平伏させられたのでしょう。

物部氏は、大和朝廷内で軍事面で力を示した豪族です。その物部氏を権威づける象徴として、アマテラスの血を引くニギハヤヒという神が描かれた可能性があります。

一方で、ニギハヤヒは実在した王権がモデルになっているという説もあります。

【大和国家建設のために活躍した将軍たちの物語か!?】

ヤマトタケルの遠征

No.15

天皇家から追放された英雄

第12代景行《けいこう》天皇の時代に、**英雄ヤマトタケル**があらわれます。景行天皇には多くの皇太子がいましたが、そのうちの1人、小碓命《おうすのみこと》（以下オウス）があとのヤマトタケルにあたります。あるとき天皇は、オウスに「食事の席に陪席《ばいせき》しない兄のオホウスをねぎらうように」と命じました。しかし、いくら待ってもオホウスがあらわれないので、不審に思った天皇は、オウスに「きちんとねぎらったのか?」と尋ねました。

するとオウスは、**「厠から引き出し、つかみ潰して、手足を引き抜き、むしろにくるんで**

投げ捨てました」と言います。

原文で「ねぎらう」とある言葉は、「面倒をみる」という意味でしょう。しかし、オウスは勘違いして、「懲らしめろ」と解釈してしまったのです。

オウスの話を聞いた天皇は驚きました。こんな荒々しい性格の息子をそばに置いておいては、自分の身が危うい。そこで天皇は、オウスを遠ざけるため、「九州の熊曾《くまそ》を討伐せよ」と命じました。

このときのオウスは「髪を額のところで結っていた」とありますから、髪型から10代半ばの少年と考えられます。事実上、天皇家から追放された少年の悲劇的英雄譚が、ここからはじまります。

『日本書紀』では天皇が自ら遠征

オウスは熊曾建《くまそたける》の屋敷の新築祝いに潜入します。叔母の倭比売命《やまとひめのみこと》（以下ヤマトヒメ）からもらった女物の衣装を着て、結っている髪をほどいて、女装して熊曾建兄弟の部屋に入ると、懐から剣を出し兄弟を刺しました。

オウス（ヤマトタケル）の荒々しい逸話

「兄をねぎらえ」という父の命令に対し…

つかみ潰して、手足を引き抜き、
むしろにくるんで投げ捨てました

息子に恐れをなした景行天皇はオウスに九州遠征を命じる

↓

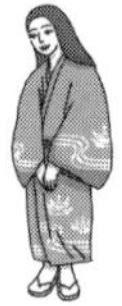

九州の一大勢力だった熊曾建《くまそたける》を倒し、
「ヤマトタケル」の名を手に入れる

↓

成果をあげて大和に帰るが、
ヤマトタケルを恐れる天皇は再び東征を命じる

オウスが自分の身分を名乗ると、弟は瀕死になりながらも、「大和には、われらに勝る勇敢な男がいるのか。これからは、倭建《やまとたける》と名のるがよかろう」と言いました。それを聞くと、オウスは瓜をまっ二つに切り裂くように弟を殺しました。

これ以来、オウスは「**倭建命《やまとたけるのみこと》（以下ヤマトタケル）**」と名のるようになりました。

ヤマトタケルとなった彼は、大和への帰路、出雲建《いずもたける》を殺すために、遠回りして出雲国に入ります。はじめは友好的態度で出雲建に近づき油断させておいて、相手の太刀を木製の偽物の太刀とすりかえ、見事に相手を討ち滅ぼしました。

『古事記』には、天つ神や天皇が殺しに際して自らの手は汚さないというルールがありました（P35）。オウスは身内の兄だけでなく、熊曾建、出雲建を殺しましたから、**どんなに手柄をあげたとしても天皇になる資格はない**ということです。

ところで、このあとヤマトタケルは東征に出ますが、東征に比べて西征は簡単な物語となっています。そのことから、はじめに東征の物語ができて、そのあとに熊曾建と出雲建を倒す西征の物語が書き加えられたと考えられています。

「熊曾」は、肥後国南部から薩摩にかけての広い地域を指し、そこに住む人々に対する大和朝廷から見た一種の蔑称です。前述の隼人（P171）と地域的に重なりますが、その違いはわかっていません。

ただ、ここにある熊曾征伐の物語は、大和朝廷の隼人支配が本格化する6世紀末頃に描かれ、つけ加えられたと想像できます。

ちなみに『日本書紀』では、景行天皇自らが熊曾征伐に出向いています。ヤマトタケルは2回目の遠征を担っていますが、あくまで主役は景行天皇となっています。また『日本書紀』には、ヤマトタケルの出雲遠征の物語は出てきません。

アマテラスの霊力を得る

都に戻ったヤマトタケルは、「東方の12の国を回って、荒ぶる神と従わない者どもを平定せよ」と命じられました。ヤマトタケルは、東国へ下る前に伊勢神宮にいる叔母のヤマトヒメを訪ね、「天皇は私など死んでしまえと思っておられるのでしょうか」と泣きながら胸の内を明かします。

豪腕を誇るヤマトタケルが、意外にも弱い内面をさらけだすシーンです。天皇の命令に背くことはできませんが、命令通りに東征を成し遂げたとしても、また新たな命令が待っているだけでしょう。ヤマトタケルは、父の非情に気づいて、心が押しつぶされそうになります。

唯一のたよりは、叔母のヤマトヒメでした。西征に際しては、ヤマトヒメの衣装を得てヒメの霊力をもらっていましたが、ここでも新たに、草那芸剣と袋を授けられました。

ヤマトヒメは、景行天皇の同母妹で、伊勢神宮の斎宮《さいぐう》の役目についていました。斎宮とは、伊勢神宮で天皇家の祖先神であるアマテラスに仕える巫女のことです。つまり、**ヤマトタケルは、ヤマトヒメを介して、アマテラスの霊力をもらい受けていた**のです。

草那芸剣は、スサノオからアマテラスに献上され、降臨神のホノニニギに授けられたものでした。それが天孫に受け継がれ、いつからか伊勢神宮に保管されたと考えられます。

ヤマトヒメからヤマトタケルに授けられた草那芸剣は、後述しますが、妻の美夜受比売《みやずひめ》（以下ミヤズヒメ）に預けられ、いまでは熱田神宮のご神体とされています。熱田神宮の祭祀を司るのが尾張の連《むらじ》で、ミヤズヒメがその祖とされています。

ヤマトタケルの白鳥伝説

東征の物語に戻りましょう。ヤマトタケルは、尾張国造《おわりのくにのみやつこ》の祖先にあたるミヤズヒメの家に泊まり、彼女と結婚の約束だけをして先へ進みました。

相模国にやってきたとき、そこの国造の罠にはまり、野原の真ただ中で炎に囲まれてしまいましたが、草那芸剣で周りの草を刈り、ヤマトヒメがくれた袋にあった火打ち石で火を打ち消し、脱出することができました。そして、国造とその一味を皆殺しにしました。それ以来、この地を焼遣《やきつ》（焼津市）と呼びます。

走水海《はしりみずのうみ》（浦賀水道）にきたときには、海峡の神に荒波を立てられ船で渡ることができなくなりました。すると、遠征に同行していた**后の弟橘比売命《おとたちばなひめのみこと》（以下オトタチバナヒメ）が身代**

わりとなって海中に沈み、荒波を治め、船は海を進むことができました。こうして、ヒメの力を借りてまたしてもヤマトタケルはピンチを脱したのです。

それからもヤマトタケルは、行く先々で荒ぶる神々と荒ぶる人々を平定しながら進み、とうとう東方12の国の東端に達しました。

そして、尾張国に戻ってミヤズヒメと結婚し、草那芸剣を置いて伊吹山《いぶきやま》の神を討ち取りに出かけました。山を登り、白い猪に出会ったとき、「これは山の神の使いが化けているのだろう。帰りに殺せばよい」と言いました。

すると、山の神は大粒の雹《ひょう》を降らせて攻撃し、ヤマトタケルは意識が朦朧としたまま下山することになりました。白い猪に化けていたのは山の神そのものだったのです。

当芸野《たぎの》、三重をへて、能煩野《のぼの》にたどりついたヤマトタケルでしたが、大和国をしのんで歌を歌い、そのまま帰らぬ人となりました。

ヤマトタケルの魂は白鳥へと姿を変えて天高く飛び、河内国《かわちのくに》の志畿《しき》に降り立ちました。そこにヤマトタケルの魂は鎮められ、白鳥御陵《しらとりのみささぎ》と名づけられました。

ヤマトタケルは天皇だった!?

ヤマトタケルは実在していたのか？

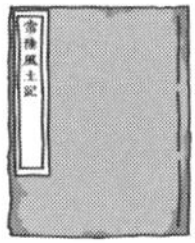

『常陸国風土記』の中に、

倭武天皇《やまとたけるのすめらみこと》・大橘比売命《おおたちばなひめのみこと》

という人物が登場する

ヤマトタケルは天皇だった可能性がある？

あるいは…

全国に遠征した者たちの話が１つにまとめられた？

ヤマトタケルは、じつは天皇だったという説があります。その傍証となるのが、8世紀の『常陸国風土記』で、そこには**倭武天皇《やまとたけるのすめらみこと》**と后の**大橘比売命《おおたちばなひめのみこと》**が登場します。これが、ヤマトタケルとオトタチバナヒメではないかと考えられているのです。一方、**大和国家の建設にともない全国各地に派遣された将軍や使者たちの物語が、ヤマトタケルという1人の英雄譚にまとめあげられた**のではないかという説もあります。

ヤマトタケルの遠征路は、5世紀末～6世紀初頭の大和朝廷の勢力圏とほぼ一致します。ですから、そのころにヤマトタケルの伝説が整えられたと考えられます。

第3章
古事記の神々を読み解く

【高天原の最初の神でありながら、存在感は薄い!?】

天之御中主神

あめのみなかぬしのかみ

性別：なし（独神）
神社：出雲大社、水天宮系、妙見社系、ほか
別名：天御中主尊

No.1

天之御中主神（以下アメノミナカヌシ）は、天上世界の**高天原《たかあまのはら》にはじめにあらわれた神**です。この神につづいてあらわれる、高御産巣日神《たかみむすひのかみ》・神産巣日神《かむむすひのかみ》とともに、**造化三神《ぞうかのさんしん》**の一柱です。造化三神は、男性と女性の区別のない**独神《ひとりがみ》**です。

「天空の真ん中の主人」という意味の名前が示すとおり、この世の中心を定めた神です。『古事記』の冒頭に置かれた神であり、もっとも重要な最高神の位置にあります。

しかし、アメノミナカヌシは比較的新しい時代に、神話のために机上で考え出された神と思われます。なぜなら、この神を祭神とする古社がないからです。

しかも、アメノミナカヌシは、高御産巣日神・神産巣日神とは違って、『古事記』のなかで二度と登場しません。『日本書紀』では一度も登場しておらず、一書《あるふみ》のなかで、国常立尊《くにのとこたちのみこと》のあとに、かろうじて出現しているだけです。

【天つ神の司令塔として存在感を発揮】

高御産巣日神

たかみむすひのかみ

性別：なし（独神）
神社：高天彦神社、岡田宮、ほか
別名：高木神、高皇産霊尊

No.2

造化三神の一柱であり、アメノミナカヌシについであらわれるのが、高御産巣日神《たかみむすひのかみ》（以下タカミムスヒ）です。やはり、男性と女性の区別のない独神です。

名前に「ムスヒ」のあるこの神は、「ムス」が「育つ・生える」という意味から、生命活動そのものをあらわしていると考えられます。タカミムスヒは、高木神《たかぎのかみ》という別称で登場することもあります。この名前は、草木植物の生成をあらわしていて、やはり生命活動をつかさどる神といえます。

タカミムスヒは『**古事記』の重要な場面でたびたび存在感を見せています**。国譲りの場面で命令に背いた使者・天若日子《あめのわかひこ》に罰を与えたり、アマテラスとともに天孫降臨を指令するほか、イワレビコの東征の際には、イワレビコに神剣と八《や》咫烏《たのからす》を授けています。

タカミムスヒ（中央）

【亡き妻を追って死者の国・黄泉国へ】

伊邪那岐神《いざなきのかみ》

性別：男神
神社：伊弉諾神宮、おのころ島神社、多賀大社、ほか多数
別名：伊弉諾神

No.3

高天原にあらわれた最初の五柱の神は、「別天《ことあま》つ神」と総称されます。それにつづいて生まれた7代の神々は、「神世七代《かみよななよ》」と総称されます。神世七代の最後に生まれた男女ペアの神が、伊邪那岐神《いざなきのかみ》（以下イザナキ）と伊邪那美神《いざなみのかみ》（以下イザナミ）です。

天地創世神話で登場したほかの神々には具体的なエピソードがありませんが、イザナキ・イザナミは物語の主役として詳しく語られています。イザナキ・イザナミは**人類の始祖にあたる**ので、聖書のアダムとイブを彷彿とさせます。

語源ははっきりわかっていませんが、「イザナ」は「誘《いざな》う」で、「キ」は男性、「ミ」は女性をあらわすという説があります。また、「ナギ（凪）」と「ナミ（波）」を対立させているという説もあります。

イザナキとイザナミは、高天原と地上をつなぐ天《あめ》の浮橋《うきはし》に立ち、天《あめ》の沼矛《ぬぼこ》で海をかきまわ

し、そこからしたたり落ちる海水でできた淤能碁呂島《おのごろじま》に降り立ちました。そこで結婚して交わり、**日本の国土と神々が生まれました**。

妻のイザナミは、神生みの最後に火の神を生み、陰部《ほと》に大火傷を負って死んでしまいます。これを悲しんだ夫のイザナキは、妻を求めて黄泉国を訪ねますが、「見てはいけません」の禁忌を犯したことで、雷の神やイザナミに追われ、葦原中国に逃げ戻ります。

そして、川で禊をしたときに、天照大御神《あまてらすおおみかみ》（以下アマテラス）、月読命《つくよみのみこと》（以下ツクヨミ）、須佐之男命《すさのおのみこと》（以下スサノオ）という、重要な「三貴子《みはしらのうずのみこ》」を生みました。

イザナキ・イザナミの発祥は淡路島で、淡路島の伊弉諾《いざなぎ》神宮には、イザナキの幽宮《かくりのみや》があったとされています。江戸時代には、二柱をまつる多賀大社（滋賀県）へ詣《もう》でることが流行したといわれています。イザナキの御子であるアマテラスをまつる伊勢神宮より人気があったといいます。

また、日本最初の夫婦の神であることから、いまでは夫婦円満、あるいは縁結びの神として信仰されます。

天の沼矛を持つイザナキ（右）

【大地母神でありながら、死の国の神になる】

伊邪那美神《いざなみのかみ》

性別：女神
神社：伊弉諾神宮、熊野大社、ほか多数
別名：黄泉津大神、道敷大神

No.4

神世七代の最後に生まれ、男神イザナキに配偶されるのが女神イザナミです。

イザナミという神名は、「イザナ」が「誘《いざな》う」で、「ミ」は女性をあらわす語であることから、「男性を交合に誘う女性」と解釈することができます。また、国土を作り、自然を象徴するさまざまな神々を生み出していることから、**大地母神《だいちぼしん》的な性格が強い神**とされています。

イザナミは、火の神・火之迦具土神《ひのかぐつちのかみ》（以下カグツチ）を生んだときに、陰部《ほと》に大火傷を負い、病に伏せります。その際に、嘔吐物や糞尿から土の神や水の神を生みました。

大地にかかわる神を生んでいることからも、大地母神としての性格が読みとれます。

イザナミは、大火傷を負ったことが原因で死んでしまいますが、夫のイザナキが、死者の国・黄泉国まで追ってきました。

ところがイザナキは、イザナミが「見てはいけません」と言ったにもかかわらず、その禁忌を破り、イザナミの醜い姿を見てしまいます。

恥をかかされたと怒りに震えたイザナミは、自身の身体から生まれた雷の神や黄泉国の醜女《しこめ》などとともにイザナキを追いかけ、地上との境界である黄泉比良坂《よもつひらさか》で対峙します。

イザナミが、「こんなひどい仕打ちをなさるなら、私は１日に１０００人を絞め殺しますよ」と言うと、イザナキは、「あなたがそうするなら、私は１日に１５００の出産の小屋を建てよう」と答えました。

これは「事戸《ことど》わたし」の神話といわれ、人間の生と死の起源をあらわしています。

イザナキと離縁したイザナミですが、そのあと、黄泉国の主宰神になり、黄泉津大神《よもつおおかみ》と呼ばれるようになりました。つまり、**生をつかさどる大地母神でありながら、死をつかさどる神となった**のです。

生と死の両面をあわせもつことは矛盾しているように思えますが、ここには、生きるものは死に、死はまた再生につながるという、古代にあった循環する死生観が投影されていると考えられます。

天浮橋に立つイザナミ（左）

【川に流されたヒルコは、恵比寿神となった】

水蛭子神

ひるこのかみ

性別：不明
神社：西宮神社、柳原蛭子神社、和田神社、ほか
別名：えびす神

No.5

イザナキとイザナミが夫婦の契りを交わし、最初に生まれた子が、水蛭子神《ひるこのかみ》（以下ヒルコ）です。しかし、**身体に骨がない**ヒルコは悪しき子だとして、**「葦《あし》」の舟に入れられ流し捨てられてしまいました**。ヒルコという名前の意味は、骨のない「蛭《ひる》のような子」とするのが一般的ですが、「日の子」として、太陽神とのかかわりも指摘されています。

ヒルコは、やがて福の神となったという伝承があります。川に捨てられたヒルコは、摂津国の西宮《にしのみや》に流れつき、漁師の戎《えびす》三郎という人物にひろわれ、神になったと伝えられています。これが西宮神社（兵庫県西宮市）にまつられている蛭児《えびす》大神です。七福神の恵比寿《えびすがみ》神のことです。

日本では、漂着した鯨など海から流れ着いたものは福をもたらすとして、**客人神《まれびとかみ》**としてまつられたのです。こうした古来の習慣が、恵比寿神信仰につながっていると考えられます。

【イザナキ・イザナミ夫婦の災いとなった火の神】

火之迦具土神

ひのかぐつちのかみ

性別：男神
神社：愛宕神社、秋葉神社、ほか
別名：火之夜藝速男神、火産霊

No.6

火之迦具土神《ひのかぐつちのかみ》（以下カグツチ）は、イザナキ・イザナミ夫婦から生まれた最後の一柱です。ヒノカグツチの神名は、「ヒ（火）・ノ・カグ（輝）」で、**煌々と燃え盛る火の様子**をあらわしていて、火の神ということになります。

イザナミは、火の神・カグツチを生んだとき、陰部《ほと》に大火傷を負って、死んでしまいました。

怒ったイザナキがカグツチの首を斬り落とし、剣先についた血から、石や水、剣の神など八柱が生まれました。この一連の神は、鉄を鍛えて作った刀剣を水で冷やすという、鍛冶の一連の工程をあらわしているといわれています。火の神を生んだイザナミの死は、**人類が文明の象徴である火を手に入れるとともに、巨大なリスクを背負った**ことも意味しています。

岩に飛び散るカグツチの血
（『神代正語常磐草』より）

【国譲りに決着をつけた天つ神の剣神】

建御雷之男神

たけみかずちのおのかみ

性別：男神
神社：鹿島神宮、春日大社、ほか
別名：建布都神、豊布都神、鹿島神

No.7

建御雷之男神《たけみかずちのおのかみ》（以下タケミカズチ）は、イザナキが火の神・カグツチを斬ったときに、刀身についた血から生まれた神の一柱です。剣神、武神として知られています。また、「雷」の字がつくことから、**雷神**ともいわれています。

タケミカズチは、大国主神《おおくにぬしのかみ》（以下オオクニヌシ）の国譲りの場面で重要な役割を担いました。アマテラスら天つ神の使者としてオオクニヌシのもとに派遣されたタケミカズチは、最後まで抵抗したオオクニヌシの御子・建御名方神《たけみなかたのかみ》（以下タケミナカタ）との力競べに挑みました。するとタケミカズチは、**圧倒的な力でタケミナカタを投げ飛ばしてしまいました**。この場面は、相撲の由来になったといわれます。最後は、タケミナカタを諏訪に追いつめ、という国譲りを承服させせました。

また、神倭伊波礼毘古命《かむやまといわれびこのみこと》（以下イワレビコ、神武天皇）の東征伝説でも一役買っています。

苦労して熊野を突き進むイワレビコは、高倉下《たかくらじ》を介して、神剣の**布都御魂**《ふつのみたま》を授けられました。これは、葦原中国の平定に実績のある**タケミカズチが助勢にかけつけるかわりに授けられた神剣**とされています。布都御魂の「フツ」というのは、物を断ち切るときの擬態語と考えられます。

タケミカズチは、茨城県鹿嶋市にある鹿島神宮の祭神です。もともとは鹿島地域の土着神だったと考えられます。距離的にも近い千葉県香取市の香取神宮の祭神は経津主神《ふつぬしのかみ》（以下フツヌシ）ですが、フツヌシはタケミカズチとともに剣神、武神として並び称される存在です。タケミカズチの別名には、建布都神《たけふつのかみ》や豊布都神《とよふつのかみ》などがあります。その名前が似ていることから、タケミカズチとフツヌシは同じ神とする説もあります。

この水郷地区を治めていた豪族は、朝廷の祭祀を担当する中臣氏《なかとみ》と結びついたことから、タケミカズチとフツヌシは天つ神に加えられました。そして、中臣氏（のちの藤原氏）の氏神として、春日《かすが》大社（奈良県奈良市）にまつられたのです。

江戸時代の鯰絵に描かれるタケミカズチ

【スサノオをもてなし、五穀をもたらした食物の神】

大宜都比売神《おおげつひめのかみ》

性別：女神
神社：上一宮大粟神社、一宮神社、ほか
別名：大気津比売神

No.8

大宜都比売神《おおげつひめのかみ》（以下オオゲツヒメ）は、イザナキ・イザナミ夫婦から生まれた一柱です。

スサノオは高天原を追放されたあと、出雲国へ向かう道すがら、オオゲツヒメのもとに立ち寄りました。オオゲツヒメは、スサノオの姉神にあたります。このときオオゲツヒメは、**自分の鼻や口、尻からさまざまな食べ物を取り出し、スサノオをもてなしました**。しかしスサノオは、汚れた食べ物を出されたと誤解し、オオゲツヒメを斬り殺してしまいます。

すると、オオゲツヒメの死体からは、稲、粟、麦、小豆、大豆などが生まれました。これらの種子は、神産巣日神《かむむすひのかみ》によって国中に広まり、養蚕や農業のはじまりとなりました。

このエピソードから、オオゲツヒメは、**五穀をもたらした食物の神**であり、農業の神とされています。

オオゲツヒメ（画像引用：『オオゲツヒメと倭国創生』より）

【神功皇后の新羅遠征の神託を下した海の神】

住吉三神《すみよしさんしん》

性別：男神
神社：住吉大社、博多住吉神社、ほか全国各地の住吉神社
別名：住吉大神

No.9

住吉三神とは、底筒之男命《そこつつのおのみこと》、中筒之男命《なかつつのおのみこと》、上筒之男命《うわつつのおのみこと》の三柱の総称です。いずれも、イザナキが黄泉国から戻って阿波岐原《あわきはら》で行った禊のときに生まれた神です。

神名の「ツツ」は、宵の明星（金星）や月を指していて、金星や月は航海の針路を導くことから、**航海の神**と解釈する説があります。また、「ツ」を津（港）として、**港の神**と解釈する説もあります。海や船との関連が深い神といえます。

『古事記』において住吉三神が重要な役割を担うのは、神功皇后の新羅遠征のときです。遠征を指示する神託を下し、実際に遠征がはじまると海路を守り、神功皇后の船団を朝鮮半島に無事に届けました。このことから、神功皇后は摂津国《せっつのくに》（大阪府）の住吉に社を建てて三神をまつりました。これが住吉大社の起源です。

以降、住吉三神は全国的に信仰が広まり、各地に住吉神社が造営されるようになりました。

【日本の八百万の神の頂点に立つ最高神】

天照大御神

あまてらすおおみかみ

性別：女神
神社：伊勢神宮内宮、天岩戸神社、伊雑宮、ほか多数
別名：大日孁貴神

No.10

天照大御神《あまてらすおおみかみ》（以下アマテラス）は、イザナキが黄泉国から戻って阿波岐原《あわきはら》で行った禊で、左の目を洗ったときに生まれた女神です。ツクヨミ、スサノオとともに、三貴子《みはしらのうずのみこ》と呼ばれています。

三貴子が生まれたとき、イザナキはアマテラスに、「おまえは高天原を治めなさい」と言い、自分がかけていた玉の首飾りを授けました。この首飾りは、御倉板挙之神《みくらたなのかみ》といいます。「玉」は「魂」のことで、イザナキは自分の魂をアマテラスに分けたと解釈できます。それほど重要な役割をアマテラスに与えた、ということです。

スサノオが高天原で大暴れをしたため、アマテラスは天石屋戸に隠れてしまいますが、神々によって引き出され、高天原の統治権をより強めることになりました。

こうしてアマテラスは、**八百万の神の頂点に立つ最高神**となりました。ただ、天孫降臨な

どの重要な場面において、アマテラスよりも、タカミムスヒが決定を下しているような印象があります（P154）。

イワレビコに八咫烏《やたのからす》を遣わすのも、タカミムスヒでした。ですから、実際の権力はタカミムスヒにあり、アマテラスは「名ばかり最高神だった」という見方もされています。

アマテラスは、「天を照らす」という神名の通り、太陽神です。**女神が太陽神というのは珍しく**、古代エジプトの太陽神ラー、ギリシャ神話の太陽神ヘリオスのように、世界的には太陽神は男神というのが一般的です。そのため、**アマテラスはもともとは男神で、その神をまつる巫女がすりかわって、女神になったという説**が唱えられています。

さまざまな解釈のあるアマテラスですが、日本の最高神であり、皇祖神として伊勢神宮の内宮にまつられてきました。全国にある神社は、アマテラスをまつる伊勢神宮を本宗《ほんそう》としてあおいでいます。

また、アマテラスは全国の神明《しんめい》神社、皇大《こうたい》神社などにまつられ、日本の総氏神として崇拝されています。

天石屋戸から姿を見せる天照大御神（中央奥）。手前で踊っているのはアメノウズメ

【夜の国を治める月の神、スサノオと同一神か!?】

月読命

つくよみのみこと

性別：男神
神社：月讀宮、月夜見宮、ほか
別名：月弓尊、月夜見尊

No.11

月読命《つくよみのみこと》（以下ツクヨミ）は、イザナキが黄泉国から戻って阿波岐原《あわきはら》で行った禊で、右の目を洗ったときに生まれた男神です。アマテラス、スサノオとともに、三貴子《みはしらのうずのみこ》と呼ばれています。

ツクヨミは、イザナキから「夜之食国《よるのおすくに》」、つまり「夜の国」を治めるように命じられました。ツクヨミは、**夜の国を治める神なので、月の神です**。ツクヨミの「ツクヨ」は「月夜」とする解釈があります。ツクヨミは月の神であり、いっしょに生まれたアマテラスは太陽神ですから、ツクヨミとアマテラスは、一対の神として誕生したのでしょう。

また一方で、ツクヨミとは**「月を読む」ことで、月齢や暦を読むこと**を意味します。暦を読むことは、農作業や漁業にとって重要なので、ツクヨミは農耕の神、漁業の神とする見方もあります。

『古事記』には、ツクヨミの具体的なエピソードが描かれていません。しかし、『日本書紀』には次のようなエピソードが記されています。

あるときツクヨミは、アマテラスの命令で保食神《うけもちのかみ》（以下ウケモチ）という女神のもとに行きました。ウケモチは、自らの身体からさまざまな食べ物を取り出してもてなしましたが、これを「汚い」と怒ったツクヨミは、ウケモチを斬り捨ててしまいました。するとその死体から、牛馬や蚕、五穀が生まれたので、それを高天原に持ち帰ったということです。

このエピソードはまさに、スサノオとオオゲツヒメとのあいだに起きた、五穀の起源の話そのものです（P202）。このことから、**ツクヨミとスサノオは、同一の神ではないか**ともいわれています。また、物語のつづきでは、高天原に戻ったツクヨミは、アマテラスに見放されています。アマテラスは、ツクヨミの愚行に怒ったのです。

これ以降、アマテラスとツクヨミは離ればなれに暮らすことになりました。つまりこれは、夜と昼の起源を語るエピソードとなっています。

伊勢神宮内宮別宮の月讀宮。内宮域外の別宮としては最高位にあたる（©Tranpan23）

【荒ぶる神から英雄に大変貌を遂げる】

須佐之男命

すさのおのみこと

性別：男神
神社：八坂神社、廣峯神社、須佐神社、ほか多数
別名：素戔嗚尊

No.12

須佐之男命《すさのおのみこと》（以下スサノオ）は、イザナキが黄泉国から戻って阿波岐原《あわきはら》で行った禊で、鼻を洗ったときに生まれた男神です。アマテラス、ツクヨミとともに、三貴子《みはしらのうずのみこ》と呼ばれています。

『古事記』では以上のように記されていますが、**『日本書紀』の一書《あるふみ》では、イザナキとイザナミの正式な神生みに成功する前、ヒルコに次いで生まれた**とされています。スサノオは、出生から謎のある神なのです。

もともと記紀神話では、太陽（アマテラス）と月（ツクヨミ）の両神を対とする体系があり、スサノオのエピソードはあとから加えられた、とする見方もあります。

スサノオの神名の**「スサ」は、「荒《すさ》ぶ」「凄《すさ》まじい」などに通じます**が、その名のとおり、スサノオは**荒ぶる神**です。イザナキから「海原《うなばら》」を治めるように命じられたスサノオは、母・

イザナミのところに行きたいと泣き叫んで抵抗したことから、葦原中国から追放されます。姉・アマテラスの高天原に立ち寄ると、乱暴の限りを尽くして、やはり追放されます。

　しかしその後、出雲に降り立ったスサノオの性格は一変し、ヤマタノオロチを退治する英雄となります。この変貌ぶりは謎ではありますが、**スサノオの成長物語**として見ると納得がいきます。一方、江戸時代の本居宣長《もとおりのりなが》は、高天原の追放によって穢れが祓《はら》われたことを変貌の理由に挙げています。

　また、スサノオは出雲国で櫛名田比売《くしなだひめ》を妻として迎え、宮殿を建てて、「八雲《やくも》立つ　出雲八重垣《やえがき》　妻籠《ご》みに　八重垣作る　その八重垣を」という歌を詠みました。これは、日本で最初の和歌とされます。スサノオはこのような知的な側面も見せているのです。

　スサノオは、各地の八坂神社、津島神社、氷川神社などにまつられています。仏教の牛頭天王《ごずてんのう》と習合し、疫病を封じる神とされたほか、水難や火難などの災いを退ける厄よけの神としても信仰されています。また、土着の自然神・氷川神と習合し、農業の神としてもまつられています。

江戸時代に描かれたスサノオ

【山の神であり海の神、ホノニニギの義父として存在感】

大山津見神《おおやまつみのかみ》

性別：男神
神社：大山祇神社、三嶋大社、ほか
別名：和多志大神、酒解神

No.13

大山津見神《おおやまつみのかみ》（以下オオヤマツミ）は、『古事記』では、イザナキとイザナミの神生みで生まれた一柱とされています。オオヤマツミの神名は、「大いなる山の神」の意味で、**日本の山の神々を統括する存在**です。ただ、別名・和多志大神《わたしのおおかみ》の「ワタ」が、「海」の古語であることから、**海神**ともされたのです。瀬戸内の水軍にも崇められたことから、**軍神**としての性格も強まりました。オオヤマツミは、神々の系図のなかでは重要な位置にいます。櫛名田比売《くしなだひめ》の両親の父神であり、木花之佐久夜毘売《このはなのさくやびめ》の父神も、オオヤマツミです。それぞれ、国作りをした大国主神や初代・神武天皇につながる系譜です。

ところで、オオヤマツミは天甜酒《あまのたむざけ》を神々にふるまったことから酒《さけ》解神《どきのかみ》と呼ばれ、酒造の神としても慕われています。

大山祇神社拝殿（©Mika-wa-Taro）

【玄界灘の航海の安全を見守った三女神】

宗像三女神

むなかたさんじょしん

性別：女神
神社：宗像大社、厳島神社、ほか多数
別名：宗像神、道主貴

No.14

アマテラスとスサノオの誓約《うけい》（神意占い）のとき、スサノオの持ち物の十拳剣から生まれたのが、多紀理毘売命《たきりびめのみこと》（別名タキリビメ）、田寸津比売命《たきつひめのみこと》（別名タキツヒメ）、市寸島比売命《いちきしまひめのみこと》（別名イチキシマヒメ）の三女神で、宗像三女神《むなかたさんじょしん》と呼ばれています。

三女神がまつられているのは、北九州の玄界灘《げんかいなだ》の島々です。それぞれがまつられる沖ノ島の沖津宮《おきつみや》、大島の中津宮《なかつみや》、田島にある辺津宮《へつみや》を総称して宗像大社と呼びます。

もともと宗像三女神は、筑紫の宗像氏を中心とした**海人《あま》族や、玄界灘を航海する人々によって信仰された地方神**だったとされています。非常に危険な荒海である玄界灘を航海するとき、三女神に安全を祈願したのです。

宗像氏と大和朝廷との関係が緊密になるにつれて、三女神は記紀神話に取り入れられ、その信仰が各地に広まっていったと考えられます。

【スサノオに救われた稲の神】

櫛名田比売

くしなだひめ

性別：女神
神社：稲田神社、八坂神社、氷川神社、須佐神社、ほか
別名：奇稲田姫

No.15

櫛《くし》名《な》田《だ》比《ひ》売《め》（以下クシナダヒメ）は、ヤマタノオロチ退治の物語に登場します。高天原から降りてきたスサノオは、怪物退治にあたり、クシナダヒメを櫛の姿に変えて自分の髪にさします。クシナダヒメの**「クシ」とは、「霊妙な」「素晴らしい」という意味で、「ナダ」は「稲田」を意味する**とされています。ですからクシナダヒメとは、「豊穣な稲田」をあらわしていて、**稲の神**とされています。『古事記』で「クシ」に「櫛」の字があてられているのは、櫛の姿に変えられたという記述にあわせたものと考えられます。

スサノオと結婚したクシナダヒメは、八《や》島《しま》士《じ》奴《ぬ》美神《みのかみ》をもうけました。その直系に大国主神がいます。ちなみに、『日本書紀』ではスサノオとクシナダヒメから直接、大国主神が生まれたことになっています。

クシナダヒメ（画像引用：『完全版 古事記と日本の神々』より）

【日本でもっとも信仰を受ける「お稲荷様」に！】

宇迦之御魂神《うかのみたまのかみ》

性別：女神？
神社：伏見稲荷大社、小津神社、ほか
別名：倉稲魂命、御倉神

No.16

スサノオは、オオヤマツミの娘である神大市比売《かむおおいちひめ》とのあいだに、大年神《おおとしのかみ》と宇迦之御魂神《うかのみたまのかみ》（以下ウカノミタマ）をもうけました。このうちウカノミタマは、有名な**「お稲荷さん」**にあたる神です。神名の「ウカ」は、穀物や食物をあらわす言葉であることから、穀物の神・食物の神とされています。

「お稲荷さん」は、もともとは**渡来系の氏族である秦氏《はたし》が、自分たちの氏神としてまつった農耕神だった**といいます。それが、同じ性格をもつウカノミタマと同一視されるようになり、稲荷神は仏教や民間信仰と結びつきながら全国に広まっていきました。

総本社は京都の伏見稲荷大社《ふしみいなりたいしゃ》とされ、稲荷神をまつる神社は全国に4万社以上あります。稲荷神は、日本でもっとも信仰されている祭神なのです。お稲荷様といえばキツネの姿を思い浮かべますが、**あのキツネはお稲荷様ではなく、お稲荷様の使いにすぎない**のです。

【国作りの神、七福神の大黒天となる】

大国主神《おおくにぬしのかみ》

性別：男神
神社：出雲大社、大神神社、ほか多数
別名：大穴牟遅神、葦原色許男神、ほか

No.17

大国主神《おおくにぬしのかみ》（以下オオクニヌシ）は、スサノオの直系にあたります。大穴牟遅神《おおあなむぢのかみ》、大物主命《おおものぬしのみこと》、大己貴命《おおなむちのみこと》など、多くの別名をもっています。

オオクニヌシにはいくつものエピソードがありますが、「因幡の白兎」の物語では、痛みに苦しんでいたウサギに適切な治療法を教えて救います。オオクニヌシのやさしさと高度な医療知識が光る場面です。

ちなみに、『日本書紀』では、少名毘古那神《すくなびこなのかみ》（以下スクナビコナ）とともに全国で医療の普及につとめています。このことから、オオクニヌシは**医療の神**とされていて、いまでも病気の平癒を願ってまつられている神社は多いです。

また、兄神の八十神《やそがみ》からの理不尽な迫害によって何度も命を落とす場面があります。

ここでは、母神・刺国若比売《さしくにわかひめ》によって何度も再生させられますが、その背後で見守っているのは、造化三神《ぞうかのさんしん》の一柱である、高天原の神産巣日神《かむむすひのかみ》（以下カムムスヒ）です。のちにオオクニヌシの国作りのサポート役として派遣されるスクナビコナは、カムムスヒの子です。こうしたことから、**オオクニヌシはカムムスヒ系の一派に属する**と考えられます。これに対し、タカミムスヒ＝アマテラス系の一派（Ｐ２０４）があります。結局、この二派が対立していて、カムムスヒ系が屈し、タカミムスヒ系に国譲りが行われるという流れになっています。

さて、スサノオの試練を乗り越えたオオクニヌシは、スサノオの後継者として認められ、葦原中国の国作りにあたりました。スサノオの娘・須勢理毘売《すせりびめ》のほか、八上比売《やがみひめ》など六柱の妻をめとり、多くの御子にめぐまれました。御子神は１００を超えたといいます。

オオクニヌシの「大国」は、「だいこく」と読むことができます。このことから、インド由来の神で、七福神の一柱である大黒天《だいこくてん》と同じと見られるようになりました。

商売繁盛の神とされたほか、多くの妻をめとり子宝にめぐまれたことから、縁結びや夫婦和合の神としても人気があります。

出雲大社にあるオオクニヌシ像
（©Flow in edgewise）

【小さくても知性豊か、一寸法師のルーツ】

少名毘古那神

すくなびこなのかみ

性別：男神
神社：少彦名神社、淡嶋神社、北海道神宮、御嶽神社、ほか
別名：少彦名命

No.18

少名毘古那神《すくなびこなのかみ》（以下スクナビコナ）は、オオクニヌシの国作りに協力する神として登場します。『古事記』に描かれたその登場シーンは印象的です。オオクニヌシが出雲の御大岬《みおのみさき》にいたとき、海の彼方からガガイモの船にのって、鵝《かり》の皮を着てやってきました。その姿は光り輝いていました。はじめは、誰もその正体がわかりませんでしたが、案山子の久延毘古《くえびこ》によってスクナビコナだとわかりました。

スクナビコナは、神産巣日神《かむむすひのかみ》（以下カムムスヒ）の子であり、「子のなかでも小さすぎて、私の指のあいだからこぼれた」と言うほど小さかったといいます。

日本の御伽話などには**「小さ子《ちいご》」**がよく登場します。一寸法師やかぐや姫などのことですが、スクナビコナはそうした「小さ子」のルーツといわれています。**体は小さくても、大きな力を発揮するのが「小さ子」の特徴**です。『古事記』では、わずかな描写しかありませんが、

オオクニヌシの国作りを強力にサポートしました。『出雲国風土記』や『播磨国風土記』には、スクナビコナがオオクニヌシとともに稲種を広めてまわったことが記されています。『日本書紀』では、全国で医療の普及に努めたことが記されています。平安中期の『和名抄《わみょうしょう》』という辞典などには、この神の名に由来する「スクナヒコノクスネ」という薬草が記されています。

また、『伊予国風土記』には、病に倒れたオオクニヌシを、温泉で治癒させたことが記されています。このときの温泉が道後温泉で、同湯は日本最古の温泉といわれています。

これらのエピソードから、スクナビコナは**穀物の神、医薬の神、温泉の神**とされています。

そのほか、『古事記』には、神功皇后が「スクナビコナに祝福を受けた酒を飲みなさい」という和歌を詠んでいることから、**酒造の神**という側面もあります。スクナビコナは、酒造会社などにまつられていることがあります。

スクナビコナは、「小さ子」でありながら、幅広い知恵と多くの産業をもたらした神なのです。

海の彼方からやって来たスクナビコナ（右上）。左はオオクニヌシ

【スクナビコナを言い当てた、博学な案山子の神】

久延毘古

くえびこ

性別：不明
神社：大神神社末社・久延彦神社、久氏比古神社、ほか
別名：崩え彦

No.19

久延毘古《くえびこ》（以下クエビコ）は、スクナビコナの登場シーンで、ほんの一瞬、顔を出すだけですが、重要な活躍を見せます。オオクニヌシの前に、ガガイモの船にのってあらわれたスクナビコナですが、はじめは黙ってにこにこしているだけで名前もわかりませんでした。そこで、ヒキガエルの多邇具久《たにぐく》が、クエビコに尋ねてはどうかと提案しました。

果たしてクエビコは、「カムムスヒの子のスクナビコナですよ」と言いました。念のためカムムスヒに確認をとると、クエビコの指摘は正しいことがわかりました。

クエビコの博学ぶりは印象的です。なぜこれほど博学なのかというと、**案山子《かかし》としてじっとしているので、世の中のことをじっくり観察している**から、という説があります。

古来、稲の成長を見守る案山子は、田の神がよりついたもの（依代《よりしろ》）とされていました。クエビコは案山子の神であり、田の神、農業の神、土地の神とされています。

【案山子のクエビコを紹介したヒキガエル】

多邇具久《たにぐく》

性別：不明
神社：美保神社、淡嶋神社、二見興玉神社、ほか
別名：谷蟆、谷蟇

No.20

スクナビコナの登場シーンで、クエビコとともに、ほんの一瞬だけ顔を出すのが、ヒキガエルの多邇具久《たにぐく》（以下タニグク）です。誰なのかわからないスクナビコナを見て、タニグクは「案山子のクエビコなら知っているはず、クエビコに尋ねてはどうか」と提案しました。果たしてクエビコは、その神がスクナビコナであることを言い当てることになりました。

タニグクの神名は、**「谷潜《たにくぐ》り」**が語源とされています。また、「クク」の部分は、ヒキガエルの鳴き声をあらわしているとする説もあります。ヒキガエルは、地上のいたるところを這い回ります。このことからタニグクは、**「国土の隅々まで知り尽くした存在であり、地上を這い回る支配者である」**とする解釈もあります。

美保神社（島根県）の境外の久具谷社にタニグクがまつられるほか、淡嶋神社（和歌山県）の大国主社にヒキガエルの土偶がまつられるなど、各地で信仰があります。

【国譲りの最初の使者の役目を果たせず】

天之菩比神《あめのほひのかみ》

性別：男神
神社：天穂日命神社、能義神社、馬見岡綿向神社、ほか
別名：天穂日命

No.21

天之菩比神《あめのほひのかみ》（以下アメノホヒ）は、アマテラスとスサノオの誓約《うけい》のときに誕生した神です。アマテラスの持ち物の髪飾りから正勝吾勝勝速日天忍穂耳命《まさかつあかつかちはやひあめのおしほみみのみこと》が生まれ、その次に生まれたのがアメノホヒでした。

アメノホヒは、国譲りの場面でも登場します。高天原から最初に地上に遣わされた使者が、アメノホヒでした。ところが、実際に派遣されたアメノホヒは、オオクニヌシにまんまと懐柔されてしまい、3年たっても報告ひとつよこしませんでした。

『古事記』のなかでは、無能な使者となってしまったアメノホヒですが、**『出雲国造神賀詞《いずものくにのみやつこかむよごと》』では反対に、立派に交渉役を務め**、アマテラスにきちんと報告しています。また、息子の建比良鳥命《たけひらとりのみこと》らを使って、出雲国の統治にも成功しています。

アメノホヒは、大和と出雲では正反対の評価を受けた神なのです。

【使者を殺した高天原の反逆者は、七夕の彦星だった】

天若日子

あめのわかひこ

性別：男神
神社：安孫子神社、大矢田神社、波波伎神社、ほか
別名：天稚彦

No.22

国譲りの場面で、アメノホヒに次いで地上に派遣されたのが、天若日子《あめのわかひこ》（以下アメノワカヒコ）です。その神名は「天の若い男児」をあらわし、美男子の姿をイメージさせます。弓矢をもって地上に降りたアメノワカヒコですが、オオクニヌシの娘と結婚し、8年たっても高天原に何の報告もしませんでした。すると天罰がくだりました。アメノワカヒコが新たな使者・キジの鳴女《なきめ》を矢で射抜くと、高天原のタカミムスヒが「邪心があるなら、この矢で罰を受けよ」と天に届いた矢を投げ返し、それが突き刺さり絶命したのです。**天つ神に歯向かう者はどうなるのか、教訓的に描かれている**場面です。しかし、民間神話においては人々から愛される存在です。古典の『うつほ物語』や『御伽草子』などに登場し、また、七夕の彦星《ひこぼし》がアメノワカヒコとされています。

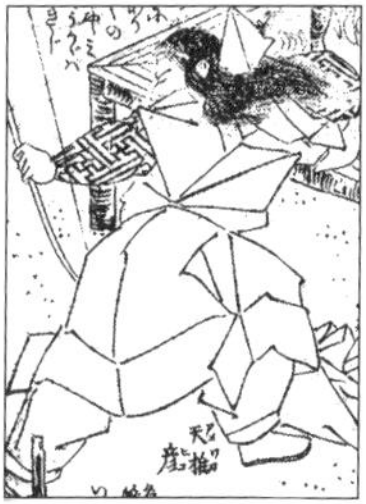

アメノワカヒコ

【神託を授ける神で、鯛を抱えた「えびす様」】

八重事代主神

やえことしろぬしのかみ

性別：男神
神社：美保神社、事代主神社、恵美須神社、ほか
別名：八重言代主神

No.23

国譲りの場面、高天原の使者が次々とオオクニヌシに懐柔されるなか、最終的に遣わされた建御雷之男神《たけみかずちのおのかみ》（以下タケミカズチ）がオオクニヌシを威圧します。するとオオクニヌシは、他人に判断を委ねました。そこで名前があがったのが、八重事代主神《やえことしろぬしのかみ》（以下コトシロヌシ）です。

コトシロヌシは、オオクニヌシと神屋楯比売命《かむやたてひめのみこと》とのあいだに生まれた神で、**スサノオの直系**にあたります。オオクニヌシが切迫した場面で信頼を寄せた、有能な御子でした。

しかし、そのときのコトシロヌシは、美保岬《みほのみさき》に釣りに出かけていました。そこでタケミカズチは、天鳥船神《あめのとりふねのかみ》を遣わして、コトシロヌシを呼び寄せ、改めて国譲りを迫りました。

するとコトシロヌシは、「この国は天つ神の御子にさしあげましょう」と承諾しました。そしてコトシロヌシは、乗ってきた船をひっくりかえし、天の逆手《あまのさかて》（普通とは違う拍手）を

打って、船を青葉の柴垣《ふしがき》に変えて、そのなかに身を隠してしまったということです。

コトシロヌシとは「言《こと》知る」の意味です。つまり、神に代わってコトを告げる（神託を授ける）ことがこの神の役割でした。オオクニヌシが、重要な決断をコトシロヌシに託したのも、コトシロヌシを通して正しい決断が得られるとわかっていたからでしょう。コトシロヌシは、**神官や巫女のような存在**です。コトシロヌシが結婚したのも、活玉依姫《いくたまよりひめ》という巫女でした。

ところで、コトシロヌシは「美保岬に釣りに出ていた」という記述がありますが、これは現在の島根県松江市美保関町《みほのせきちょう》にある岬といわれています。コトシロヌシは、もともとこの辺りの漁師たちに信仰された土着の神だったと考えられます。同町の美保神社には、コトシロヌシがまつられています。この神社には、青葉の柴垣に隠れたことに由来する神事も伝わります。

またコトシロヌシは、釣りをして鯛を抱えた姿でイメージされたことから、七福神の「えびす様」と同一視されています。

「えびす様」と同一視されたコトシロヌシ

【タケミカズチに力競べを挑んだ諏訪湖の水神】

建御名方神

たけみなかたのかみ

性別：男神
神社：諏訪大社、諏訪神社、周方神社、ほか
別名：南方刀美神

No.24

高天原から遣わされたタケミカズチが国譲りを迫り、オオクニヌシの御子・コトシロヌシは承諾しました。しかし、相談すべき御子はもう1人いました。それが、建御名方神《たけみなかたのかみ》（以下タケミナカタ）です。タケミナカタは、オオクニヌシと沼河比売《ぬなかわひめ》とのあいだに生まれた御子で、**たいへんな怪力の持ち主だった**とされます。

タケミナカタはタケミカズチに力競べを挑みました。「まず俺から行くぞ」と、タケミナカタはタケミカズチの手につかみかかりますが、タケミカズチの手が氷柱に、ついで剣の刃へ変わるのを見て震え上がりました。タケミカズチはタケミナカタの手を若葉をつむようにぎゅっと握りつぶし、ひょいと投げ飛ばしました。

タケミナカタは、恐れをなして逃げ去りました。しかし、タケミカズチは追いかけてきて、科野国《しなののくに》（長野県）の州羽海《すわのうみ》（諏訪湖）に追いつめてしまいます。あとがなくなったタケミナ

カタは、「どうか私を殺さないでください。もう二度とこの地を離れません」と、全面降伏を申し出ました。これをもって国譲りが決まったのです。

タケミナカタは、『古事記』では、オオクニヌシに連なる出雲系の神として、諏訪地方に逃げたことになっています。しかし、**もともとは出雲との関連はなかった神**だったと考えられます。**「どこかほかの土地から諏訪にやってきて、土着の神を破って、諏訪に鎮座した」**というのが諏訪側の伝承です。諏訪側には、タケミナカタの父をオオクニヌシとする言い伝えもありません。

タケミナカタが祭神としてまつられている諏訪大社の縁起では、タケミナカタは諏訪湖周辺を治める神だったといいます。「ミナカタ」が「水《み》ナ方《かた》」「水潟《みなかた》」と解釈できることから、**諏訪湖の水神**だったのでしょう。

また、水との関連から、農耕の神としても信仰されました。タケミナカタは、妻の八坂刀売神《やさかとめのかみ》とともに五穀豊穣をもたらす神だったのです。さらに、山に囲まれた諏訪地方の特色から、狩猟に関する神としても信仰されてきました。

国譲りの場面でタケミカズチ（右）に降伏するタケミナカタ（左）（『神代正語常磐草』）

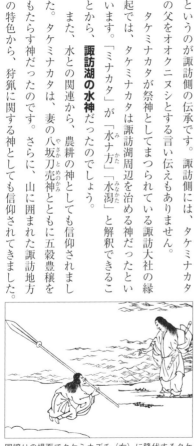

【妖艶な舞いを見せた女神、巫女の祖となる】

天宇受売命

あめのうずめのみこと

性別：女神
神社：賣太神社、鈿女神社、ほか多数
別名：宮比神、大宮能売命

No.25

天宇受売命《あめのうずめのみこと》（以下アメノウズメ）は、アマテラスが隠れた天石屋戸の前で、踊りを見せた女神です。あの踊りの場面は、**巫女の体に神が降りる様子**を表現しているといわれています。このエピソードから、**アメノウズメは巫女のルーツ**といわれていて、巫女の猿女《さるめ》氏の祖となりました。一方で、**日本の芸能の祖神**ともされています。

また、アメノウズメは天孫降臨の場面でも活躍します。降臨の途中に立ちはだかる猿田《さるた》毘古神《びこのかみ》（以下サルタビコ）との交渉役に指名され、見事にその役目を果たしました。その後、アメノウズメは伊勢へ戻るサルタビコと結婚したとされます。『古事記』では夫のサルタビコが溺れ死ぬ運命にありますが、民間伝承では、2人は幸せに暮らしたと伝えられています。

アメノウズメ

【天石屋戸からアマテラスを引き出した男神】

天手力男神

あめのたぢから
おのかみ

性別：男神
神社：手力雄神社、戸隠神社、佐那神社、ほか
別名：天手力雄神

No.26

天手力男神《あめのたぢからおのかみ》（以下アメノタヂカラオ）は、**天石屋戸に隠れたアマテラスを外に引き出す大役**を果たした男神です。アマテラスが、天児屋命《あめのこやねのみこと》と布《ふ》刀《と》玉命《だまのみこと》が差し出した鏡に映る自分の姿をのぞこうと身を乗り出したとき、アメノタヂカラオは、その手をつかみ、石屋の外へ引き出しました。こうして、世界にふたたび太陽が昇り、もとの明るさを取り戻したのです。

このとき、アメノタヂカラオは、アマテラスが再び隠れることがないように、石の扉を地上へ投げ落としたという伝承があります。落下した場所が、現在の戸隠山《とがくしやま》（長野県）だといいます。

天孫降臨でホノニニギに随伴して地上に降りたアメノタヂカラオは、紀伊をへて、この戸隠にやってきて定住の地としました。ここにアメノタヂカラオをまつる戸隠神社があります。

岩を動かすアメノタヂカラオ

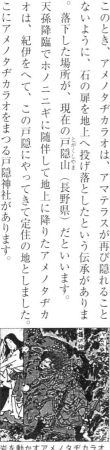

【天石屋戸隠れの難局を切り抜けた知恵の神】

思金命《おもいかねのみこと》

性別：男神
神社：阿智神社、戸隠神社中社、ほか
別名：常世思金神、天八意思兼神

No.27

アマテラスの天石屋戸隠れのときに活躍するのが、思金命《おもいかねのみこと》（以下オモイカネ）です。オモイカネは、高御産巣日神《たかみむすひのかみ》の御子とされています。

オモイカネは、『古事記』の主要な場面でその役割を果たしています。石屋にこもったアマテラスを引き出すための催しの準備にあたり、リーダーシップをとったのはオモイカネでした。国譲りの際に高天原から送る使者を決める場面でも、ホノニニギの天孫降臨の場面でも、その中心に加わっています。アマテラスとのかかわりも多く、伊勢神宮の内宮《ないくう》には、アマテラスとオモイカネがまつられています。

オモイカネは**思慮や知恵をつかさどる神**とされています。江戸時代の本居宣長は、「オモイカネ1人には、大勢の人がもつような思慮や知恵が備わっている」という解釈をしました。知恵の神、学問の神、そして受験の合格祈願の神として人気を集めています。

【天石屋戸の前で祝詞をささげ、中臣氏の祖神に】

天児屋命

あめのこやねのみこと

性別：男神
神社：春日大社、中臣神社、枚岡神社、ほか
別名：春日大明神

No.28

天児屋命《あめのこやねのみこと》（以下アメノコヤネ）は、天石屋戸隠れの場面で活躍します。はじめに、オモイカネの指示にしたがい鹿の骨を使った占い（太占《ふとまに》）をし、儀式の日取りを決めました。儀式では、アマテラスのすばらしさや美しさを述べて機嫌をとり、石屋の外へ引き出そうとしました。これは「祝詞《のりと》」の由来とされています。祭祀などにおいて神に祈る言葉です。また、天孫降臨の場面ではホノニニギの一行に加わり、地上に降り立ち、祭祀を執り行う神となりました。

『日本書紀』によると、アメノコヤネは、**中臣《なかとみ》氏の祖神**とされています。**「中臣」とは、神と人との「あいだを執り持つ」という意味**で、宮廷の神事の一切を受け持つ氏族であることをあらわしています。中臣氏の子孫の1つが藤原氏で、その藤原氏によってアメノコヤネは春日大社にまつられました。

アメノコヤネ

【天狗の姿の国つ神、天孫の道案内人となる】

猿田毘古神

さるたびこのかみ

性別：男神
神社：猿田彦神社、椿大神社、白鬚神社、ほか
別名：猿田彦命

No.29

猿田毘古神《さるたびこのかみ》（以下サルタビコ）は、天孫降臨の場面で、高天原と葦原中国のあいだにある天之八衢《あめのやちまた》にあらわれ、天孫の道案内人となった**国つ神**です。

『古事記』では、高天原から葦原中国まで照らすほどの美しい神として描かれていますが、対照的に『日本書紀』では、悪鬼として描かれています。身長7尺（約2メートル10センチ）余りで、鼻は7咫《あた》（約126センチ）と長く、眼光の鋭い真っ赤な顔をしていたといいますから、まるで**天狗**のようです。実際、サルタビコは天狗の原型とする見方もあります。

天孫は、はじめはサルタビコを警戒していて、アメノウズメを交渉役として遣わしました。すると、サルタビコは名を名乗り、「天つ神が天降りされると聞いたので、先導として仕えようと参上しました」と答えました。

一行を無事に送り届け、伊勢へ戻ることになったサルタビコには、アメノウズメが監視役

としてつきました。実質、2人は結婚したと見られています。

ただ、サルタビコは阿邪訶《あざか》というところで漁をしているときに比良夫貝《ひらぶがい》に手をはさまれ、溺死してしまいます。

それから、倭比売命《やまとひめのみこと》（P246）がアマテラスをまつる地を探して諸国をめぐったときには、サルタビコの子孫である大田命《おおたのみこと》が、サルタビコが居を構えたとされる、五十鈴川《いすずがわ》の上流を道案内しました。大田命一族は、伊勢神宮に代々仕えたといわれています。

サルタビコは、**もともと伊勢の土着神で、太陽神**でした。**この信仰が大和側の神話に吸収されたため、伊勢は国家の太陽信仰の聖地となった**と考えられています。伊勢神宮のそばには、サルタビコをまつる猿田彦神社が鎮座しています。

サルタビコは、神々を安全に導いたことから、道の神であり、交通安全のご神徳があるとされています。

また、道を開いたことから、仕事成功、殖産興業の神としても厚い信仰を集めています。

天之八衢で天孫を出迎えるサルタビコ

【降臨神とならなかった、アマテラスの長男】

正勝吾勝勝速日天忍穂耳命

まさかつあかつかちはやひあめのおしほみみのみこと

性別：男神
神社：太郎坊宮・阿賀神社、ほか
別名：正哉吾勝々速日天押穂耳尊

No.30

正勝《まさかつ》吾《あ》勝勝速《かつかちはや》日《ひ》天忍穂耳命《あめのおしほみみのみこと》（以下オシホミミ）は、スサノオの誓約《うけい》のときに生まれました。

スサノオがアマテラスの勾玉《まがたま》の髪飾りを噛み砕いて吹き出し、三柱の男神が生まれましたが、このとき左の玉飾りから生まれたのがオシホミミです。ですからオシホミミは、アマテラスの長男にあたります。**玉は、皇位継承の象徴**とされています。

この誓約で勝利したスサノオは、「正しく勝った、私が勝った。その勝ちっぷりは、日の昇るがごとく速い」という宣言をしました。この勝利宣言を意味する「正勝《まさかつ》吾《あ》勝勝速《かつかちはや》日《ひ》」という字が、オシホミミの神名の頭についています。

オシホミミは、高天原から地上に降りたホノニニギの父神にあたります。葦原中国の平定にあたり、アマテラスは、「長男のオシホミミこそが葦原中国を治める者である」として、オシホミミを地上に降らせようとしました。

ところが、オシホミミは天《あめ》の浮橋《うきはし》から下界をのぞき、「いたく騒《さや》ぎてありなり（とても騒がしい）」と言って引き返しました。それから、次々に地上に使者が送り込まれ、最終的にタケミカズチの活躍で国譲りが決まりました。

そこで改めて、アマテラスとタカミムスヒからオシホミミに対して、「いま、葦原中国を平定したとの報告があった。ゆえに、前に命じたように、降っていき統治するように」という命令がくだりました。

ところがオシホミミは、**降臨を辞退して、ほかの神を推薦**しました。そうこうしているあいだに、オシホミミとタカミムスヒの娘・万幡豊秋津師比売命《よろずはたとよあきつしひめのみこと》とのあいだにホノニニギが生まれ、ホノニニギが赴任することになったのです。こうしてオシホミミは、ずっと高天原にとどまることになりました。

オシホミミの「ホ」は稲穂の「穂」で、稲穂の霊を称えていることから、農業の神、稲穂の神としてまつられています。

誓約を行い、スサノオ（左）の息吹から生み出されるオシホミミ（中央）（『神代正語常磐草』）

【高千穂に降り立った降臨神】

天邇岐志国邇岐志天津日高日子番能邇邇芸命

あめにきし
くににきし
あまつひこひこ
ほのににぎの
みこと

性別：男神
神社：霧島神宮、高千穂神社、新田神社、ほか
別名：火瓊瓊杵

No.31

天邇岐志《あめにきし》国邇岐志《くににきし》天津日高日子《あまつひこひこ》番能邇邇芸命《ほのににぎのみこと》（以下ホノニニギ）は、高天原から葦原中国へ降臨した重要な神です。

アマテラスの長男・オシホミミとタカミムスヒの娘・万幡豊秋津師比売命《よろずはたとよあきつしひめのみこと》を両親に持つホノニニギは、**最高神アマテラスの直系にあたるだけでなく、高天原の実力者・タカミムスヒの血も受け継いでいて**、天孫にふさわしい由緒正しい血筋を持っています。名前についている「天津日高」は天つ神の美称であり、「日子」は「太陽の子」であることをあらわし、アマテラスの直系の孫であることが示されています。

ホノニニギは、降臨の際に、八尺勾玉《やさかのまがたま》、八咫鏡《やたのかがみ》、そして天叢雲剣《あめのむらくものつるぎ》（草那芸剣《くさなぎのつるぎ》）という「三種の神器」を与えられますが、これは天孫を継承する証です。このうち、八咫鏡は伊勢神宮、

天叢雲剣は熱田神宮のご神体となりました。三種の神器は、天皇霊を継承する儀式に用いられ、それは現在まで受け継がれています。ホノニニギに随行したのは、天石屋戸で活躍したオモイカネやアメノタヂカラオのほか、宮廷の門番である天石門別神《あまのいわとわけのかみ》です。また、アメノコヤネ（中臣氏の祖）、布刀玉命《ふとだまのみこと》（忌部《いんべ》氏の祖）、アメノウズメ（猿女氏の祖）、伊斯許理度売《いしこりどめの》命《みこと》（鏡職人）、玉祖命《たまのやのみこと》（玉職人）という、5つの氏族の長がともないました。

「筑紫日向の高千穂」に降り立ったホノニニギは、そこに壮大な宮殿を築いて、住まいとしました。高千穂という地名は現在の宮崎県にありますが、降り立った場所がそこにあたるかどうかは、諸説あります。やがて、美しい木花之佐久夜毘売《このはなのさくやびめ》を見初め、火照命《ほでりのみこと》＝海佐知毘古《うみさちひこ》、火遠理命《ほおりのみこと》＝山佐知毘古《やまさちひこ》などの三神をもうけ、**その血筋は天皇へとつらなっていきます。**

神名の「ホノニニギ」とは、「穂のにぎわう」で、稲穂がにぎにぎしく実ることをあらわしています。ですから、父神のオシホミミと同じく、農業の神、稲穂の神とされています。

高天原から地上へ降るホノニニギ（中央）と従者（「天孫降臨図」画像引用:『これならわかる！「古事記」』より）

【天孫の妻となった美しい女神】

木花之佐久夜毘売

このはなのさくやびめ

性別：女神
神社：富士山本宮浅間大社、子安神社、木花神社、ほか
別名：木花咲耶姫

No.32

木花之佐久夜毘売《このはなのさくやびめ》（以下サクヤビメ）は、神話上もっとも美しいとされる女神です。『古事記』では、降臨した天孫ホノニニギが笠沙岬《かささのみさき》で見初め、求婚しました。二柱は結婚し、サクヤビメは懐妊しますが、ホノニニギは、たった一夜で懐妊したことを不信に思います。するとサクヤビメは、**疑いを晴らすため、産屋に火をつけ、燃え盛る炎のなかで出産にのぞみ**、火照《ほでりの》命《みこと》、火須勢理命《ほすせりのみこと》、火遠理命《ほおりのみこと》の三神を無事に生みました。

サクヤビメは、富士山を主宰する神です。富士山本宮浅間《せんげん》大社（静岡県）や北口本宮富士浅間神社（山梨県）などにまつられています。サクヤビメは、火中出産のエピソードから、火をコントロールする霊力があるとされ、日本一の活火山にまつられたと考えられます。また、安産の神とされているほか、子育ての神としても信仰を集めています。

サクヤビメ

【ホノニニギに拒否された醜い女神は、長寿の神】

石長比売

いわながひめ

性別：女神
神社：雲見浅間神社、伊砂砂神社、細石神社、ほか
別名：磐長姫

No.33

石長比売《いわながひめ》（以下イワナガヒメ）は、オオヤマツミの娘で、サクヤビメの姉です。美しい妹のサクヤビメとは対照的に、たいへん醜い女神とされています。

父神オオヤマツミは、天孫ホノニニギに対して、サクヤビメとともにイワナガヒメも嫁入りさせようと送り出しましたが、容姿の醜いイワナガヒメは送り返されてしまいました。

イワナガヒメは**岩のように堅固で不変であり、永遠を保証する神**でした。ところが、その神を拒否してしまったがために、天皇が寿命をもつことになったといわれています。『日本書紀』の一書《あるふみ》には、「この世に生きている人々は、木の花のようにすぐに移ろい、衰えてしまうでしょう」というイワナガヒメのセリフが記されています。イワナガヒメは、長寿をつかさどる神として、全国の浅間神社などにまつられています。

イワナガヒメ（右）

【ウミサチ・ヤマサチ神話の主役、海神の娘を娶る】

火遠理命《ほおりのみこと》

性別：男神
神社：鹿児島神宮、若狭彦神社、ほか
別名：彦火火出見尊、虚空津日高

No.34

火遠理命《ほおりのみこと》（以下ホオリ）は、ホノニニギとサクヤビメのあいだに生まれた三神の末弟です。サクヤビメは、炎のなかでの出産にのぞんだため、三神には火にちなんだ神名がついています。ホオリの場合、「火遠理《ほおり》」は火が衰えること、つまり**鎮火にむかうなかで生まれた**とされます。

ホオリの別名は、「山佐知毘古《やまさちひこ》」（以下ヤマサチ）であり、長男の火照命（海佐知毘古《うみさちひこ》、以下ウミサチ）との抗争が起きます。いわゆる「ウミサチ・ヤマサチ」の神話です。勝ったヤマサチは、自分に協力してくれた海神の娘・豊玉毘売《とよたまびめ》と結婚し、天津日高日子波限建《あまつひこひこなぎさたけ》鵜葺草葺不合命《うがやふきあえずのみこと》をもうけました。

神名の「ホ」は稲穂の穂、「オリ」は稲穂が実って折れたわむ姿にあたることから、稲穂の神などとされています。

ヤマサチことホオリ

【大和に服属した隼人を象徴する神】

火照命

ほでりのみこと

性別：男神
神社：潮嶽神社、三島浅間神社、ほか
別名：火闌降命

No.35

火照命《ほでりのみこと》（以下ホデリ）は、ホノニニギとサクヤビメのあいだに生まれた三神の長男です。神名の「照《でり》」が火が赤く照り輝くことから、**火が燃え出すなかで生まれた**と考えられます。ホデリは、「海佐知毘古《うみさちひこ》」（以下ウミサチ）としても知られ、海の漁が得意です。あるとき、弟のホオリであるヤマサチと、道具を交換したことをきっかけに抗争になります。しかしウミサチは、ヤマサチの水を自在に操る塩盈珠《しおみつたま》と塩乾珠《しおひるたま》によって溺れさせられ、「これからはあなた様の守護人として仕えましょう」と言って、赦しを求めました。

ウミサチ（ホデリ）は、潮嶽《うしおだけ》神社（宮崎県）など各地にまつられています。そこは、弟との争いのときに潮の流れにのって着き、定住した場所だといわれています。神名から、両親や弟と同じように稲穂の神、農業の神としてまつられ、豊漁や豊作のご神徳があるとされます。

ホデリ（左）

【ホオリと結婚した海神の娘、正体はワニだった】

豊玉毘売

とよたまびめ

性別：女神
神社：豊玉姫神社、海神神社、若狭姫神社、ほか
別名：豊玉姫命

No.36

豊玉毘売《とよたまびめ》（以下トヨタマビメ）は、海神・綿津見神《わたつみのかみ》の娘で、ホオリの妻となる女神です。

神名にある「タマ」は「魂」の意味で、古代神話では「タマ」をもつ女性は、神霊に依り憑かれる巫女を指していました。『古事記』の神話では、御子を出産するために夫であるホオリのあとを追います。ところが、産屋の中で出産するところを夫にのぞかれてしまいました。そこには、**巨大なワニの姿をしたトヨタマビメ**がのたうちまわっていました。海神の娘のトヨタマビメは、じつはワニだったのです。トヨタマビメが産んだウガヤフキアエズの御子は神武天皇になるので、トヨタマビメは天皇の祖母にあたります。

トヨタマビメは安産や子孫繁栄のご神徳があるとされ、豊玉姫神社（鹿児島県）などをはじめとする多くの神社にまつられています。

出産のため産屋を建てるトヨタマビメ

【姉の御子を育て、神武天皇の母に】

玉依毘売

たまよりびめ

性別：女神
神社：賀茂御祖神社（下鴨神社）、竈門神社、ほか
別名：玉依姫尊

No.37

玉依毘売《たまよりびめ》（以下タマヨリビメ）は、海神・綿津見神《わたつみのかみ》の娘であり、トヨタマビメの妹にあたります。

「タマヨリビメ」とは、古代神話では、神霊に依り憑かれる巫女を指す普通名詞にあたります。しかしここでは、初代・神武天皇の母となる、固有名詞のタマヨリビメを指しています。

トヨタマビメは、ホオリの御子である天津日高日子波限建鵜葺草葺不合命《あまつひこひこなぎさたけうがやふきあえずのみこと》（以下ウガヤフキアエズ）を産みますが、正体のワニの姿を見られて、海の国へ戻ってしまいます。そこで、妹のタマヨリビメが御子の養母となりました。

ウガヤフキアエズが成人すると、**タマヨリビメはその妻となり、４人の御子を産みました。**

その末子が、若御毛沼命（神倭伊波礼毘古命《かむやまといわれびこのみこと》）で、初代・神武天皇です。

【初代・神武天皇で建国の神】

神倭伊波礼毘古命

かむやまといわれびこのみこと

性別：男神
神社：橿原神宮、宮崎神宮、ほか多数
別名：神日本磐余彦尊、始馭天下之天皇

No.38

ウガヤフキアエズとタマヨリビメの第四子として生まれたのが、神倭伊波礼毘古命《かむやまといわれびこのみこと》（以下イワレビコ）であり、**初代・神武天皇となる神**です。天孫ホノニニギの曾孫にあたり、アマテラスから数えると６代目にあたります。

日向に暮らしていたイワレビコは、葦原中国を平穏に治めるためには東に行く必要があると考えました。そこで、兄の五瀬命《いつせのみこと》（以下イツセ）に相談したうえで、東征に出ます。いわゆる「神武東征」です。

南九州から長い年月をかけて東に進み、途中で有力な国つ神を味方に引き入れながら大和を目指しました。しかし、土地の支配者である那賀須泥毘古《ながすねびこ》（以下ナガスネビコ）の軍勢との戦いに苦戦し、イツセが矢を受けて、やがて絶命します。

一行は、紀伊半島を南下し、熊野の山道を進むことにしました。

このとき、天つ神から布都御魂《ふつのみたま》（神剣）が授けられ、導き手として八咫烏《やたのからす》を遣わされます。天つ神のこれらのサポートによって、ついにナガスネビコを倒します。

そしてイワレビコは、**畝火《うねび》の白檮《かし》原宮《はらのみや》で初代・神武天皇として即位**しました。このとき、52歳だったといわれます。

神名にある「伊波礼《いわれ》（磐余《いわれ》）」とは、都が置かれたその一帯（現在の橿原《かしはら》市）を指しているとする説があります。一方で、「神倭伊波礼毘古命」とは「神聖な大和の国のいわれ（由緒）を負っている男」という解釈もあります。

イワレビコは、１２７歳という長寿でしたが、実在性は不確かで、その波乱の物語には、**大和朝廷設立までに起きた実際の古代王権の抗争の歴史が反映されている**と見られています。

イワレビコは、建国の神、国家統一の軍神として橿原神宮（奈良県）や宮崎神宮（宮崎県）にまつられています。

現在の「建国記念日」にあたる2月11日は、イワレビコが神武天皇として即位した日とされています。

神武天皇

【父に疎まれ、遠征に明け暮れた悲劇の英雄】

倭建命

やまとたけるのみこと

性別：男神
神社：能褒野神社、大鳥大社、ほか多数
別名：日本武尊、倭男具那命

No.39

第12代景行《けいこう》天皇の３番目の御子が、日本神話有数の英雄である倭建命《やまとたけるのみこと》（以下ヤマトタケル）です。幼名は、小碓命《おうすのみこと》といい、『日本書紀』では、日本武尊《やまとたけるのみこと》と記され、こちらのほうが一般的です。

ヤマトタケルの勇猛さは、父・景行天皇を震え上がらせるほどでした。食事の席に出てこない兄を説得するよう父から命じられたヤマトタケルは、兄を厠《かわや》から引き出し、つかみ潰して、手足を引き抜き、むしろにくるんで投げ捨ててしまいました。これを聞いた父は、そばに置いておいては自分の身が危ういと感じ、九州の熊曾《くまそ》征伐に向かわせました。

ヤマトタケルは、叔母の倭比売命《やまとひめのみこと》（以下ヤマトヒメ）からもらった着物で女装し、熊曾《くまそ》建《たける》兄弟の屋敷にもぐりこむと、兄弟を殺害しました。

このとき、熊曾建からヤマトタケルの名を授けられます。その帰路で出雲国にも遠征し、半ばだまし討ちのような形で出雲も平定します。

都に戻ると、今度は東国征伐を命じられました。父から過酷な命令を受け、ヤマトタケルは思わず、つらい胸のうちをヤマトヒメに打ち明けます。すると、ヤマトヒメから草那芸剣と火打ち石を授けられ、その力もかりて東国を次々に平定します。走水海《はしりみずのうみ》（浦賀水道）では、遠征に同行していた后の弟橘比売命《おとたちばなひめのみこと》が身代わりとなって海に入水するという悲劇もありました。

こうして大和統一に貢献したヤマトタケルですが、その帰路に病死し、白鳥となって飛び去ったといいます。

ヤマトタケルは英雄ではありましたが、**その人生は多くの悲劇に彩られています**。皇子として生まれ、皇位継承者であったはずなのに、父に疎まれ、都にいることを許されず、過酷な遠征を強いられました。旅先では妻を亡くし、再び都の地を踏むこともなく病死します。故郷をしのんだ歌も残しています。

各地を次々に平定した勇ましい姿と同時に、こうした悲劇の英雄としての側面が今日まで人々を惹き付け、多くの信仰を集めています。

業火の中にたたずむヤマトタケル

【アマテラスを伊勢にまつった女神】

倭比売命

やまとひめのみこと

性別：女神
神社：倭姫宮、東京大神宮、磯部稲村神社、ほか
別名：倭姫命

No.40

倭比売命《やまとひめのみこと》（以下ヤマトヒメ）は第11代垂仁天皇の娘であり、ヤマトタケルがもっともたよりとした叔母にあたります。ヤマトヒメが授けた着物や草那芸剣、火打ち石によって、ヤマトタケルは地方勢力の征伐に成功しました。

ヤマトヒメは、**アマテラスのご神体である八咫鏡《やたのかがみ》（三種の神器の1つ）をまつる地を探し求めた女神**として重要です。もともとは、皇居内にご神体をまつることはおそれ多いとして、第10代崇神天皇の娘・豊鍬入姫命《とよすきいりびめのみこと》が大和の笠縫邑《かさぬいむら》にまつりましたが、それをヤマトヒメが引き継ぎ、新たな土地を探して30年以上にわたる旅に出ました。そして辿り着いたのが伊勢の地で、ここにアマテラスをまつり、伊勢神宮が創建されました。

旅の過程で一時的にまつられた土地は「元伊勢」と呼ばれ、愛知県から岡山県にかけて50あまりの神社があります。

【海中に沈んで夫を救った悲劇のヒロイン】

弟橘比売命

おとたちばなひめのみこと

性別：女神
神社：橘樹神社、吾妻神社、走水神社、ほか
別名：弟橘媛

No.41

弟橘比売命《おとたちばなひめのみこと》（以下オトタチバナヒメ）は、ヤマトタケルの后で、悲劇のヒロインとして知られています。ヤマトタケルの東国遠征のとき、**荒れ狂う走水海《はしりみずのうみ》（浦賀水道）を鎮めるべく、海に身を投げた**のです。すると、波は穏やかになり、一行は無事に先に進むことができましたが、妻を失ったヤマトタケルの悲しみは深いものでした。

このとき、ヤマトタケルは浜辺に流れ着いたオトタチバナヒメの櫛を、吾妻山上に埋めたとされています。それが吾妻《あずま》神社（神奈川県中郡二宮町）です。吾妻神社は、ヤマトタケルとオトタチバナヒメの縁を結ぶ場所であることから、縁結びのご利益があるとして信仰を集めています。

海に身投げするオトタチバナヒメ

【宇佐から起きた神、全国でもっともまつられる】

八幡神

はちまんしん

性別：男神
神社：宇佐神宮、石清水八幡宮、ほか全国の八幡宮
別名：品陀和気命

No.42

八幡神《はちまんしん》は、**全国の神社でもっとも多くまつられている神**です。その数は全国２万あまりと見られています。神社の数では稲荷神社がもっとも多いですが、まつられている神の数では、八幡神が最多です。

八幡神は、第15代応神天皇のことを指すとされています。それは、平安後期の歴史書『扶桑略記《ふそうりゃっき》』に次のような記述があるからです。

第19代欽明天皇の代に、**大分県宇佐に八幡神があらわれ、「われは15代の応神天皇である」と名のった**ということです。ここから、応神天皇は八幡様として信仰されるようになりました。では、そもそも八幡神の由来はどこにあるかというと、宇佐地方の**農業神信仰**が起源ではないかと考えられています。ちなみに、応神天皇の実在性については、議論のあるところです。

応神天皇の母は、新羅遠征を行った神功皇后です（P54）。神功皇后は、身重の体で遠征し、帰国してすぐに筑紫国（現・福岡県）で出産しました。その御子が、品陀和気命《ほむだわけのみこと》で、のちの応神天皇です。この地は宇美《うみ》と名づけられ、今日の宇美八幡宮の由来となっています。

奈良時代には神仏習合がはじまります。東大寺大仏建立では、宇佐の八幡神が助力を表明する託宣を下しました。また、781（天応元）年には、宇佐八幡宮に八幡大菩薩という神号がおくられ、**鎮護国家・仏教守護の神としてあがめられました**。これ以降、八幡神は全国の寺にむかえられ、八幡信仰が広まっていきました。

また、八幡神は応神天皇の神霊であることから皇祖神とも見られ、アマテラスに次ぐ皇室の守護神とされています。八幡神は、武家の源氏の氏神とされたことから、中世には武士のあいだで信仰を集めました。かつては武神というイメージが強かったのです。

一方で、母・神功皇后の胎内にいながら霊威を発揮し、「胎中天皇」とも讃えられたエピソードから、安産や子育てのご神徳があるとされています。

八幡神とされる応神天皇

第4章
古事記ゆかりの地をめぐる

No.1

【オオクニヌシの神殿、96メートルの巨大建築だった⁉】

出雲大社《いづもおおやしろ》

出雲大社《いづもおおやしろ》（島根県出雲市大社町《たいしゃまち》）は、一般には「いずもたいしゃ」として知られています。主神は大国主神《おおくにぬしのかみ》（以下オオクニヌシ、Ｐ２１４）で、天之御中主神《あめのみなかぬしのかみ》をはじめとする天つ神の五柱が客座にまつられています。

オオクニヌシは、葦原中国の国作りで功績を挙げましたが、神殿の建造を条件に、天孫への国譲りに応じました。すると、神殿建設のためにアマテラスの御子・天之菩比神《あめのほひのかみ》が責任者として送り込まれ、立派な神殿ができました。これが出雲大社です。

もともとこの地は杵築《きづき》といわれていました。それは、神々がオオクニヌシの神殿を造るために集まって、土地を杵で突き固めたからだといわれています。ここから、かつては「杵築大社」「杵築宮」「杵築大神宮」などと呼ばれていました。いまのように、「出雲大社」と改称されたのは、１８７１（明治４）年のことです。

出雲大社は、**遷宮方式**を受け継いでいます。これは、定期的に新しい社殿に建て替える伝統的な方式です。定期的に建て替えることで、建築様式と建築技術の継承が確実に行われ、創建時の社殿の形がほぼそのまま受け継がれていくのです。

現在の社殿を支える支柱の高さは約24メートルですが、平安時代にはその倍の約48メートルあり、奈良の大仏殿に匹敵する高さがあったとされます。**さらに古くは、約96メートルもの高さがあった**という説もあります。

さすがに古代にそれほどの高層建築があったとは信じられませんが、2000（平成12）年に、ある発見がありました。境内から**直径1・3メートルの柱を3本組に束ねて、太い1本の柱にしたもの**が見つかったのです。これなら、96メートルという建造物も不可能ではなかったかもしれません。

ところで出雲では、神無月（10月）を「神在月《かみありづき》」と呼びますが、これは全国の神々が出雲に集まり、縁結びの相談をするからだといわれています。このような話が室町時代末期頃から広まり、オオクニヌシは「縁結びの神」としてすっかり定着しています。

出雲大社神楽殿

【高天原の神々が議論した天安河原が出現】

高千穂《たかちほ》

No.2

天孫・ホノニニギが高天原から降り立った（Ｐ１５４）伝説の地の1つとされるのが、宮崎県北部の山深くにある高千穂町です。ここには、神話ゆかりのスポットが集まっています。その中核的な存在は、日本有数の景勝地である高千穂峡のそばに鎮座する**高千穂神社**です。ここには、ホノニニギをはじめ、日向三代の神がまつられています。

創建は第11代・垂仁天皇の御代と伝えられ、平安時代には、高千穂郷八十八社の宗社として厚い信仰を集めました。源頼朝は、天下泰平を祈願するために畠山重忠《はたけやましげただ》を遣わし、畠山が境内に植樹したといわれる秩父杉が今に伝わります。樹齢は約８００年を数えます。

毎年11月22日から翌年2月中旬まで毎夜行われる**「高千穂夜神楽《よかぐら》」**は、神話の時代に起源があるとされ、１９７８年に重要無形文化財に指定されました。アマテラスが登場する天石屋戸隠れのほか、日本の神話や伝説のシーンが夜を徹して再現されます。一般客でも見学できます。

一方、槵触山《くしふるやま》をご神体として創建されたのが、**槵触神社**です。『古事記』には、ホノニニギは「高千穂《たかちほ》の久士布流多気《くじふるたけ》」という山に降り立ったと記されていますが、この山が「槵触山」と考えられています。1694年、槵触山に社殿が建立された際、ホノニニギをはじめとする神々がまつられました。

通常、神社では春と秋の大祭がありますが、高千穂神社は春祭のみ、槵触神社は秋祭のみであることから、両神社の間には何らかの関係があるのではないかと考えられています。

高千穂のもう1つの聖地は、天石屋戸をご神体とする**天岩戸神社**であり、そこから岩戸川にそって進んだところにある**天安河原《あまのやすがわら》**です。天安河原は、アマテラスが天石屋戸に隠れたときに神々が対策を話し合ったとされる河原です（P114）。

この高千穂にあらわれた天安河原は、参拝者によっていつのまにか積まれた河原の石と深い洞窟によって、神話の世界を思わせる幻想的な空間となっています。

天安河原（©Muzinabear）

【神と仏の聖地として熊野信仰が発展】

熊野三山《くまのさんざん》

No.3

「熊野《くまの》三山《さんざん》」とは、熊野本宮大社、熊野速玉《はやたま》大社、熊野那智大社の３つの神社の総称です。

この３社があるのは、紀伊半島の山深い熊野（和歌山県）です。「熊野」の「クマ」は「カミ」と同じ意味で、熊野とは「神の野」とも考えられます。『日本書紀』には、イザナミを熊野の有馬村（花の窟）に葬ったことが記されていることから、**熊野は「黄泉国」「常世国」に近い聖地として崇拝されてきました**。

熊野は、仏教が伝来してからというもの、**修験道の聖地**とも考えられ、古来の神々と仏をあわせてまつる「神仏習合」が進みました。全国から信仰を集め、人々がまるで蟻《あり》のように詣でるほどのにぎわいで、**「蟻の熊野詣」**といわれました。とくに、９０７年の宇多法皇の参詣以来、上皇らの参詣は約３００年間で１００回近くあったといわれています。

こうした発展のなかで、徐々に３つの神社が「三山」として一体化していきました。

熊野本宮大社は、熊野三山の中心で、**全国に３０００以上ある熊野神社の総本宮**にあたります。主祭神は家都美御子大神《けつみみこのおおかみ》で、これは**スサノオの別名**とされています。神仏習合の時代には、阿弥陀如来と習合しました。本宮には12の社殿があり、合計で十二柱まつられています。これを、熊野十二所権現と総称します。

熊野速玉大社の由来は、第12代・景行天皇のときに、現在の地に熊野速玉大神と熊野夫須美《くまのふすみ》大神《おおかみ》をまつったことにはじまります。旧地に対する新宮《しんぐう》で、所在地の新宮市の由来となっています。**熊野速玉大神はイザナキ、熊野夫須美大神はイザナミの別名**です。主祭神の熊野速玉大神は、薬師如来と習合しました。

熊野那智大社は、大和に東征した**神武天皇が那智の大滝を神としてまつったのが由来**とされます。大滝をまつった神武天皇は、八咫烏に導かれ、大和に入ることができました。ただ、この伝説以前に大己貴命《おおなむちのみこと》（オオクニヌシ）をまつっていたという言い伝えもあります。第16代・仁徳天皇のとき、現在の社殿が築かれ、熊野夫須美大神（イザナミ）が主祭神となり、のちに千手観音と習合しました。

熊野本宮大社（©Ultratomio）

【諏訪地方の土着神・タケミナカタをまつる】

諏訪大社

すわたいしゃ

No.4

諏訪大社は、国内でもっとも古い神社の1つとされます。

諏訪湖をはさんで南側に「上社《かみしゃ》」、北側に「下社《しもしゃ》」があり、さらに上社・下社にはそれぞれ2社ずつあるので、計4社から構成されています。上社の本宮には建御名方神《たけみなかたのかみ》（以下タケミナカタ）、前宮には妃神・八坂刀売神《やさかとめのかみ》（以下ヤサカトメ）がまつられ、下社の春宮・秋宮にはそれぞれ、両神とともに兄神・八重事代主神《やえことしろぬしのかみ》がまつられています。

古くから**上社を男神**、**下社を女神**とする信仰もあり、極寒期の諏訪湖にできる氷の亀裂は**「御渡《みわたり》」**と呼ばれ、上社の男神が下社の女神に会いに行く恋路とされました。

タケミナカタはオオクニヌシの御子です。『古事記』では、葦原中国の国譲りで、高天原の使者・建御雷之男神《たけみかずちのおのかみ》（以下タケミカズチ）に抵抗しますが、力競べに敗れて、諏訪まで逃れてきて、天孫への服従を誓いました（P150）。そして諏訪を永久の神居としました。

しかし、この地に伝わる伝承では、**タケミナカタはもともと、諏訪地方に伝わる土着の神で、農耕と狩猟に関する神だった**と伝えられています。名前の「ミナカタ」は、諏訪湖の「水潟《みなかた》」を指すという解釈もあります。妃神・ヤサカトメは、海人《あま》族の出身といわれるほか、海神の末裔ともいわれています。

諏訪大社は、古くから「諏訪大明神」「信濃国一の宮」として崇拝され、風・水の守護神で五穀豊穣の神として信仰を集め、また武神としてもあがめられました。

平安初期の征夷大将軍・坂上田村麻呂が祈願したほか、鎌倉時代には源義家、平頼盛といった武将が祈願し、戦国時代には武田信玄の戦勝祈願や社殿造営も行われました。

7年ごとに本殿四隅に立つご神体の柱を建て替える「御柱祭《おんばしらさい》」は、上社は八ヶ岳《やつがたけ》、下社は霧ヶ峰から、樹齢150年、高さ17メートルほどのモミの大木を氏子が曳き出すたいへん勇壮な神事です。縄文時代の巨木信仰に遡るともいわれ、記録に残るだけでも798（延暦17）年から伝わります。

諏訪大社本宮拝殿（© わたり鳥）

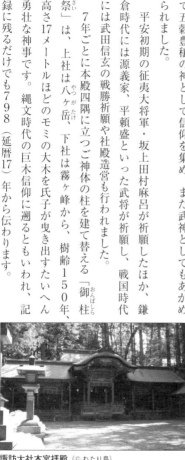

【アマテラスのご神体・八咫鏡がまつられる】

伊勢神宮

いせじんぐう

No.5

全国の神社の中心的存在で、「本宗」とあおがれているのが伊勢神宮です。正式には、たんに**「神宮」**と呼びます。

神宮は、天照大御神《あまてらすおおみかみ》（以下アマテラス）をまつる皇大神宮（内宮）と豊受大御神《とようけのおおみかみ》をまつる豊受大神宮（外宮）を中心に構成されていますが、そのほかに14の別宮、43の摂社、末社、所管社があります。すべてあわせると、合計１２５社からなります。地理的に見ると、伊勢・鳥羽・松阪・志摩の４市と多気・度会《わたらい》の２郡に及ぶ広い範囲に鎮座しています。

内宮の創建は、垂仁天皇26年と伝えられます。アマテラスのご神体である八咫鏡《やたのかがみ》（三種の神器の１つ）は、もともと皇居内に奉納されていましたが、「おそれ多い」として、崇神天皇の娘・豊鍬入姫命《とよすきいりびめのみこと》が大和の笠縫邑《かさぬいむら》にまつりました。それを、次代の垂仁天皇の世になって、娘の倭比売命《やまとひめのみこと》が新たな土地を探してめぐりました（Ｐ２４６）。辿り着いたのが伊勢の地で、五十鈴川《いすずがわ》の川上にまつられました。これが内宮の起源です。

一方の外宮は、第21代・雄略天皇のとき、天皇の夢にアマテラスがあらわれ、「丹波の国にまつられている御饌都神《みけつかみ》（御食物を司る神）である豊受大御神を近くに迎えてほしい」とのお告げがあり、伊勢の山田の原に大宮を創建したのがはじまりとされます。

豊受大御神は、アマテラスの食事のために呼び寄せられたということです。ちなみに豊受大御神は、イザナミの尿から生まれた和久産巣日神《わくむすひのかみ》の御子で、穀物の神です。

神宮の一般人の参拝は長らく禁じられていましたが、平安末期から熊野三山をはじめとする社寺参詣が盛んになるにつれ、神宮も一般に開放され、全国から老若男女が訪れるようになりました。とくに**江戸時代には「お伊勢参り」が爆発的な人気となりました。**

神宮では、20年ごとに神殿を建て替え、神宝類もすべて新調する**「式年遷宮」**が行われています。これは第41代・持統天皇の御代の690年からはじまる、神宮最大の祭事です。

伊勢神宮内宮参道入口の鳥居

【三種の神器・草那芸剣をまつる「第二の宗廟」】

熱田神宮《あつたじんぐう》

No.6

名古屋の市街地に広がる熱田神宮は、三種の神器の1つである**草那芸剣をまつる社**として有名で、伊勢神宮につぐ「第二の宗廟」ともいわれています。草那芸剣はアマテラスの霊魂の代わりですから、「熱田大神」と呼ばれる主祭神はアマテラスのことです。神宮の相殿には、アマテラス、スサノオ、ヤマトタケル、美夜受比売《みやずひめ》（以下ミヤズヒメ）、建稲種命《たけいなだねのみこと》の五柱がまつられています。ちなみに、建稲種命はミヤズヒメの兄にあたります。

記紀神話では、スサノオがヤマタノオロチを退治したときに天叢雲剣《あめのむらくものつるぎ》（草那芸剣のこと）を手に入れ、これをアマテラスに献上しました。それが天孫ホノニニギを介して受け継がれ、いつからか伊勢神宮に保管されたと考えられます。伊勢神宮の斎宮となったヤマトヒメは、この天叢雲剣を東征に出るヤマトタケルに授けました。ヤマトタケルは、相模国で炎に囲まれ危機に陥ったとき、この神剣で草をなぎ払って、荒ぶる人々を平定することに成功しまし

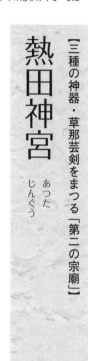

た。ここから、「草那芸剣」という呼び名になったと考えられています。

ヤマトヒメからヤマトタケルに授けられた草那芸剣は、妃のミヤズヒメに預けられ、ヤマトタケルは亡くなりました。ミヤズヒメは、尾張一族ゆかりの熱田の地に社を定め、神剣を納めました。これが熱田神宮の起源となりました。

草那芸剣を納めることから大いに栄えた熱田神宮ですが、**これまで2度、盗難にあっています**。一度目は668年、新羅僧・道行が神剣を盗んで帰国しようとしたところ、暴風雨にあって、難波に漂着し、捕えられました。そこから18年間、神剣は皇居におかれましたが、天武天皇が病気になり、草那芸剣の祟りであるという占いが出て、熱田に戻されました。また、1839年にも僧に盗まれましたが、翌年に戻されました。

社殿の建築様式はもともとは尾張造でしたが、1893（明治26）年に**伊勢神宮と同じ神明造で再建され**、現在もその様式を受け継いでいます。

神宮の北西にはヤマトタケルの墓とされる「白鳥古墳」、その北にはミヤズヒメの墓とされる「断夫山古墳《だんぷさん》」もあります。

熱田神宮境内（©Saigen Jiro）

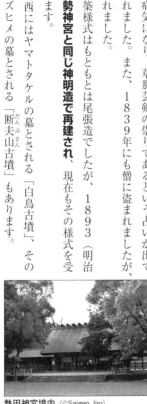

【神功皇后に神託を授けた住吉三神をまつる】

住吉大社《すみよしたいしゃ》

No.7

全国2000あまりにおよぶ住吉神社の総本宮にあたるのが、大阪の住吉大社です。祭神は、底筒之男命《そこつつのおのみこと》、中筒之男命《なかつつのおのみこと》、上筒之男命《うわつつのおのみこと》の三柱と息長帯比売命《おきながたらしひめのみこと》、つまり神功皇后です。底筒之男命・中筒之男命・上筒之男命の三柱は、黄泉国から逃げ延びたイザナキが、筑紫《つくし》の日向《ひむか》の橘《たちばな》の小門《おど》の阿波岐原《あわきはら》で禊をしたときにあらわれた神で、住吉大神《すみのえのおおかみ》と称されました。

この三神は、神功皇后の新羅遠征のときに活躍します。三神から、「西方に金銀をはじめ財宝にあふれた国がある。その国を攻めよ」という神託を受けた神功皇后は、新羅遠征を行いますが、三神はこの遠征を守り、無事に成功させました。帰路、大阪湾を前に再び神託を受けた神功皇后は、それにしたがい、摂津国（現大阪府）に三神をまつりました。これが住吉大社のはじまりです。

住吉三神は、イザナキが禊をしたときに生まれていますが、**『日本書紀』には、祭司の神**

功皇后が頭を海水ですすいで禊を行ったという記述もあります。ここから、住吉大社は穢れをとり除く「禊祓《みそぎはらえ》（おはらい）」を重視する神社として信仰を集めました。夏祭りの「住吉祭」は「おはらい」と呼ばれて親しまれてきました。

また、住吉三神は神功皇后の船の旅を助けたことから、**海上の安全を守る神**として崇拝され、**遣隋使や遣唐使を派遣するときには、住吉大社に海上の無事を祈るのが習わし**となりました。それにともない、住吉三神は航海安全・漁業守護の神様として全国から信仰を集め、現在にいたります。

一方、住吉三神は**和歌の神**としても知られています。これは、かつて住吉が美しい白砂の海岸に近く、「墨江《すみのえ》」「清江《すみのえ》」などと書かれ、盛んに歌に詠まれたことに由来します。「住吉《すみのえ》の松《まつ》」という歌枕にもなっています。

住吉大社では、伊勢神宮などと同じく遷宮を行っています。20年ごとに本殿を建て替え新築することが、昔からの伝統となっています。近世以降は、それにあわせてお祭りも行われています。

住吉大社第一本宮（©Fraxinus2）

【三輪山をご神体に、古代信仰をそのまま伝える】

大神神社《おおみわじんじゃ》

No.8

現存する最古の神社の1つといわれているのが、大神《おおみわ》神社です。標高467メートル、周囲約16キロの美しい円錐形をした三輪山《みわやま》（神奈備山《かんなびさん》、御諸山《みもろやま》）をご神体として、古くから大和の人々の信仰を集めてきました。大神を「おおみわ」と呼ぶ理由については、国学者・本居宣長が「かつて大和に都があったころ、大神といえば三輪の神といわれるほど崇められていたから」という分析をしています。

大神神社には、拝殿はありますが、**山そのものがご神体なので、本殿はありません**。拝殿の奥に3つの鳥居を1つに組み合わせた「三ツ鳥居」があり、この鳥居ごしに山を拝む形式となっています。いつこのような礼拝形式になったのかは不明ですが、社蔵の文書には「古来、一社の神秘なり」とだけ記されています。

三輪山は禁足地とされていて、一般の人が入ることはできません。その一方で、山中には神の宿る標識である磐座《いわくら》の巨石群があり、山ノ神遺跡と呼ばれています。おびただしい数の勾玉や土製模造品が出土していて、古代にはそこで祭祀が行われ、中世までその儀式はつづいていたと見られています。

このように大神神社は、古代の信仰のいくつかの形式を今に伝えています。

大神神社の祭神は、大物主神《おおものぬしのかみ》、大己貴神《おおなむちのかみ》などですが、これはオオクニヌシの別名です。

大物主神が、大和の三輪山に鎮座することになった由来は、第10代・崇神天皇の御代にさかのぼります。飢饉や疫病が広まって、多くの人々が死んでしまったことを嘆いていた崇神天皇に、あるとき夢で、「わが子孫である意富《おお》多多泥古命《たたねこのみこと》を神官として、われをまつらせるならば、祟りはやむであろう」という大物主神のお告げがありました。そこで天皇は、意富多多泥古命を探し出して祭主として、三輪山に大物主神をまつったところ、平安が訪れたといいます。

大神神社鳥居と三輪山（©Tamago Moffle）
ちなみに、拝殿と三輪山（ご神体）の間にある「三ツ鳥居」は撮影不可

おわりに

「神」というと、西洋のキリスト教の影響が強いのか、唯一絶対で畏れ多いイメージがあります。

しかし、呼び方は同じでも、日本の「神様」と西洋の「神」とでは、まったく別物という感じがします。

日本の神様は唯一絶対どころか、「八百万の神」といわれるほど無数にいます。まぐわいをしては次々と神々が生まれます。禊をしても生まれます。血や涙からも生まれます。

いつも立派な存在というわけではありません。感情の起伏が激しく、けっこうな悪さもします。怒りにまかせて他の神を斬りつけたり、見てはいけないと言われているのに見てしまったり、お母さんがいないと泣きわめいたり、弱い動物をいじめたりします。

とても人間的です。だから、どこか共感してしまうところがあります。

仏教が伝来しても、人々は自分たちの神様を忘れることはありませんでした。神仏習合で、仏様といっしょにまつって大事にしたのです。

戦前の軍部が記紀神話を史実として国民にすり込ませようとしたことへの反省から、『古事記』は今の学校教育では教えられていません。ここは乗り越えなければいけないところですが、そうした苦い歴史もふまえつつ、日本古来の神話の豊かさを味わうことは、日本人として必要なことなのかもしれません。

最後に、本書をまとめるにあたり、彩図社の本井敏弘さま、栩兼紗代さまには大変お世話になりました。日頃のご理解とご助力に心から感謝いたします。

２０２０年５月　沢辺有司

主要参考文献

『古事記と日本書紀』（坂本勝監修、青春出版社）
『『古事記』神話の謎を解く』（西條勉、中央公論新社）
『古事記　不思議な1300年史』（斎藤英喜、新人物往来社）
『古事記の暗号（コード）』（池田潤、戎光祥出版）
『古事記の歴史意識』（矢嶋泉、吉川弘文館）
『徹底検証　古事記』（村瀬学、言視舎）
『古事記の根源へ』（村瀬学、言視舎）
『図説　古事記と日本の神々』（吉田邦博、学習研究社）
『からくり読み解き古事記』（山田永、小学館）
『謎解き日本史詳説・古事記』（衣川真澄、新風舎）
『日本書紀・古事記　編纂関係者に抹消された邪馬台国』（山科威、風詠社）

『富士山、２２００年の秘密　なぜ日本最大の霊山は古事記に無視されたのか』（戸矢学、かざひの文庫）
『面白いほどよくわかる古事記』（島崎晋、吉田敦彦監修、日本文芸社）
『一冊でわかる古事記』（武光誠、平凡社）
『神々と古代史の謎を解く　古事記と日本書紀』（瀧音能之、青春出版社）
『古事記入門』（吉田邦博、学研パブリッシング）
『天照大御神は卑弥呼である』（安本美典、心交社）
『神社の由来がわかる小事典』（三橋健、ＰＨＰ研究所）
『神社の系譜　なぜそこにあるのか』（宮元健次、光文社）
『お参りしたい神社百社』（林豊、ジェイティビィパブリッシング）
『日本の神々完全ビジュアルガイド』（椙山林継監修、レッカ社編集、カンゼン）
『日本の神様のすべて』（宝島社）
『世界神話事典』（大林太良編集、吉田敦彦編集、伊藤清司編集、松村一男編集、角川書店）

■ **著者紹介**

沢辺有司（さわべ・ゆうじ）

フリーライター。横浜国立大学教育学部総合芸術学科卒業。

在学中、アート・映画への哲学・思想的なアプローチを学ぶ。編集プロダクション勤務を経て渡仏。パリで思索に耽る一方、アート、旅、歴史、語学を中心に書籍、雑誌の執筆・編集に携わる。現在、東京都在住。

パリのカルチエ散歩マガジン『piéton（ぴえとん）』主宰。

著書に『図解　いちばんやさしい哲学の本』『図解　いちばんやさしい三大宗教の本』『図解　いちばんやさしい地政学の本』『図解　いちばんやさしい仏教とお経の本』『ワケありな映画』『ワケありな名画』『ワケありな本』『ワケありな日本の領土』『封印された問題作品』『音楽家100の言葉』『吉田松陰に学ぶ　リーダーになる100のルール』『西郷隆盛に学ぶ　最強の組織を作る100のルール』『本当は怖い　仏教の話』（いずれも彩図社）、『はじめるフランス語』（学研教育出版）などがある。

図解　いちばんやさしい古事記の本

2020年7月9日　第1刷

著　者　沢辺有司

発行人　山田有司

発行所　株式会社　彩図社
東京都豊島区南大塚3-24-4
MTビル　〒170-0005
TEL:03-5985-8213　FAX:03-5985-8224
https://www.saiz.co.jp
https://twitter.com/saiz_sha

印刷所　新灯印刷株式会社

　ISBN978-4-8013-0459-8 C0195

本書は、2015年12月に小社より刊行された『図解　いちばんやさしい古事記の本』を加筆修正の上、文庫化したものです。